大地文學 1

講理

王鼎鈞 著

目錄

新版前言

這本書的書名可以有個副題：論說文作法。書中有幾句話，側面透露了當初寫這本書的動機：

現在的學生不怕抒情文，最怕寫論說文。年輕人情感豐富，傷春悲秋無論如何可以寫幾句，論說文要有見解，就難住了他們。升學考試偏偏愛出論說題！

這段話出於書中人物、某初級中學的教務主任之口，他在話中提到的「學生」，是指國中讀書的年輕人，這本書預期的讀者是初中學生。那些年，我看見多少中學生時時在考試壓力之下，升學恐懼之中，和艱難的論說文搏鬥。我想用自己設計的一套方法幫助他們。

首先，我認爲論說文和抒情文一樣，都來自生活，都是作者心靈的自鳴。生活中有情有理，即使是從來沒進過作文課堂的人，天天也在抒情說理，現在要做的練習是，如何把這種能力自覺的運用到作文上來。我特地從日常用語中選出「論理」一詞，做本書的書名。

再者，我覺得學寫論說文和學習數學有某種相通之處，可以設下定理程式，一步一步推進，由簡及繁，由淺入深。論說的理性大於感性，便於技術化，初學寫作，從技術化得到的幫助、快，從籠統欣賞中得到的幫助、慢。技術化好比一杯即溶咖啡，及時解渴，也可以看做是藝術化之前的一個步驟。

少年時，我很喜歡夏丏尊先生的《文心》，他把文章作法放在教師的教學生活裡，放在教師和學生的互動裡。這樣寫成的「文章作法」具體生動，容易領會。《講理》仿照《文心》的模式寫成，它假設有一位楊老師，他在某個學年之內、拿論說文作法做「作文教學」的重點，師生之間教學相長，他們走過的腳印值得記述。全書敘述的部份用散文筆法，輕鬆生動，表現學生的生活，進一步預防「論說文作法」可能有的枯澀。

我根據上述的構想，設計出一套教作文的方法，到汐止中學兼做國文教員，化整爲零，隨機實驗，結合成一系列文章，交自由青年半月刊連載。此中因緣，詳見後記。實驗證明這一套設計可行，有效，出版成書以後，爲各地的老師和家長發現，介紹給學生閱讀，銷路一直很好。我曾經有機會一再參加台灣各地舉行的研討會、講習班、夏令營，多少國文教師說，他們照《講理》演示的方法教學，師生如釋重負。我曾經收到多少同學來信說，《講理》打通了他的思路，使他加速進步。黃文範教授在他的文章裡說，《講理》模仿《文心》而「專精過之」，對於我，這是極大的稱賞。

講理十八篇出版至今，經歷了幾番滄桑，容在後記中再作交代。現在大地出版社由老朋友吳錫清兄經營，認爲此書內蘊豐富，能耐今後好學的青少年繼續發掘，囑我作一番修改補充，重新推出。《講理》引用的例句，優先向國文教科書摘取，教科書的範文已重新編選，例句自應全部照新教科書更換。學生的國文程度提高了，寫作能力進步了，講理的難度也向前推演，新寫兩章，層樓更上，全書增爲二十篇。此外還有百餘處字句上的修飾。

實不相瞞，作者在這本書裡，不但付出作文心得，也付出對少年人的愛。可是，誰都知道，這樣一本書，除非得到教師和家長支持，比較難以擺在學生的書桌上。多少年來，我每接到《講理》的讀者一封信，就彷彿看見站在他背後的人，我的知音。《講理》至今有穩定的銷路，使人遙想多少明智的家長、多少有愛心的教師！願他們的子女學生都是能論能說的好手，我從他們的教育成果中分享光榮。

公元二〇〇〇年，民國八十九年，王鼎鈞寫於亂風樓。

講　理

一

開學的前幾天，楊書質老師在辦公室裡找到教務處的胡主任。胡主任正在皺著眉頭排本學期的課程表。

「插班生的考試成績算出來了嗎？」楊先生問胡主任。

「算出來了。」

「有個吳強，考得怎麼樣？」

「吳強？」胡主任正把那張課程總表塗改得滿紙狼藉。他放下手裡的紅筆，想了一下，說：「功課不錯，可惜口吃得厲害。」

「口吃，我想不會有影響吧？我們又不訓練播音員，又不訓練演說家，我們是普普通通的中學。」

「有些學校，不歡迎機能有障礙的學生。」

「胡兄！我們不要那樣做。一個口吃的孩子，將來可能是個科學家，他在研究室裡沉思，是用不著說話的。一個口吃的孩子，將來可能是個畫家，他在操縱色彩線條的時候，是不用說話的。」

「當然，我們取他。」

開學的那天，楊老師帶著吳強，辦理繳費、註冊、編班等手續。手續辦完了，楊老師說：「吳強，到我的房間裡坐坐。」

楊先生所住的，是普通學校所能供給的那種單身宿舍，只有一間房。進了房間，楊先生說：「吳強，坐下，要喝水嗎？」

吳強坐下去，搖搖頭。

「吳強，矯正口吃有進步嗎？」

吳強的頭低下去，垂到胸前。

「不要怕，我們大膽的來討論你的問題，我相信你一定能克服自己的缺陷。這是一個小毛病，你不要整天放在心上，不要整天覺得不如人。這點毛病妨礙不了甚麼，你照樣可以成爲一個藝術家、科學家，或者別的。你用正常的眼光看一切，如果你被人忽視，不要認爲是由於口吃而惹人輕賤；如果你被人喜愛，不要認爲是由於口吃而惹人憐憫。事實上，沒有人會永遠記住這個，你自己也不要永遠記住這個。你聽，我的話對嗎？」

吳強點頭。

「你到教室裡去吧。」

吳強退出前鞠了一個躬。他沒有說一句話。他總是默默的不說話。

二

上國文課的時候，吳強很安靜。

上別的課，也沒有聽說吳強不安靜。

兩次週考下來，吳強的成績在班上最好。

可是有了麻煩。一天下午，楊老師正在宿舍裡改作文簿，胡主任來了。他說：「楊兄！很多學校不肯收機能障礙的學生，是從訓育和管理上著眼的。這樣的學生情緒不平衡，容易起糾紛。」

楊先生立刻有一種預感：他是指吳強？

可不是？只聽胡主任說：「吳強和楚望傑打架。剛才開班會的時候，兩人當著導師的面打起來，而導師又是剛剛到校的新老師。」

楊老師丟下紅筆，快步走到辦公室裡。先用眼光掃視全室，不見吳強的導師朱先生。再用耳朵聽，老師們正在爲了吳強打人的事議論紛紛。好不容易弄清楚了，經過是這樣的：今天下午開班會，沒有準備甚麼提案，朱先生要學生練習說話，教幾個學生站起來講故事。一個學生站起來說：

有一個人，星期天沒事做，到馬路上閒逛。街上有個賣領帶的，走過來向他推銷領帶，他說：「我買，買——」賣領帶的人聽見他要買，非常高興，誰知他下面說：「——買不起。」

學生們哄堂大笑。導師爲了表示鼓勵，也開心地笑了。另一個學生楚望傑講的故事是：

有一個人，是天生的音樂家，說話帶樂器的聲音。有人問他：「你喜歡吃蘋果嗎？」他說：「當，當，當然。」又問他：「你把蘋果分一半給我好不好？」他說：「可，可，可不行！」有一天，別人對他說：「你學鴨子叫給我聽，我請你吃瓜子。」他說：

「我不吃瓜，瓜，瓜子。」

這回，大家笑得更厲害。很不巧，當他們拿口吃的人取笑時，新來的老師還不知道班上有個口吃的學生，所以沒有注意到吳強的特殊反應。更不巧，楚望傑講笑話的時候，他的座位正好在吳強旁邊，使吳強加倍有受壓迫的感覺。就在大家笑不可抑的時候，吳強怒沖沖的站起來，朝著那個站在他旁邊講笑話的楚望傑臉上一拳。全班同學駭然。老師先是愕然，立即變爲怒不可遏。楊老師趕到辦公室的時候，朱老師已經到校長室去商議怎樣處分吳強去了。

吳強受到的處分很輕，這因爲，朱老師明瞭吳強的隱痛之後，對他有了同情，其中再加上楊老師的解勸、彌縫。公案了結以後，楊老師又把吳強帶到宿舍裡。

「吳強！你入學的那天，我對你說的話，忘了？」

由於情感激動，吳強表達意見更顯得困難。他說，沒有忘記。他說，他自己很正常，可是別人不正常。他說，他可以自己忘記自己的缺陷，無奈那些頑皮的同學不肯忘記。他們嫉妒功課好的人。他比嘴巴比不過人家，只好比拳頭。

楊老師懇切的對他說：「吳強！我知道你受了委屈。可是，你不可以打人，一打人，有理也變成沒有理了；一打人，就變成『蠻不講理』了。遇到是非利害的關頭，你和他們講理！」吳強本來低著頭，聽到楊老師的這句話，驀地抬起臉來，兩眼射出淚光。楊老師連忙說：「吳強，我明白你的意思，你會說：我講話沒有他們快，講理講不過他們呀！你別忘了，講理的方法很多。你別忘了，你除了一張嘴以外，還有一支筆。你可以用筆寫文章來講理。將來你長大了，到社會上去做事，可能遇到不合理的事，遇到不講理的人，你沒有辦法一個一個找他們打架。你沒有那麼多拳頭。打了架，有理更講不清。如果你換一個方向，如果你把握緊了的拳頭放開，去抓筆，比方說，那時候，你做報紙的主筆，在報上寫文章講理，那比你自己用嘴巴講理，效果大得多。那時候，你可能把很多不合理的事情糾正過來。跟人家講理的文章，就是論說文。你可以在論說文上多下點功夫。你在班會上受了委屈，心裡一定有很多道理要講出來，那麼，你回去寫一篇論說文，我拿去登在校刊上。從現在起，你就練習用筆講理。」

吳強擦乾了眼淚。

三

噹，噹，噹，上作文課了。學生磨好墨，攤開作文簿，心裡七上八下的猜今天的作文題目。在平時成績裡面，作文是很重要的一項呢！不一會兒，楊老師進來了，手裡捧著一個紙盒子。大家隨著班長的口令鞠躬，坐下，眼光一齊盯住紙盒子，老師拿一個盒子來，是甚麼意思？

楊老師把紙盒放在講桌上，問道：「大家猜猜看，盒子裡放的是甚麼東西？」

誰也不敢亂猜。

楊老師說：「你們也許在想：世界上的東西那麼多，教我們從那裡猜起？不錯，世界上的東西太多了！可是，世界上的東西雖然很多，卻可以分成三大類：固體，液體，氣體。這盒子裡的東西，不是液體，不是氣體，那麼一定是固體，是不是？現在我告訴你們：它是固體。那麼世界上的東西，已有三分之二被除外了，三分之二的物質，不可在這個盒子裡面了，是不是？你們已經知道盒子裡面藏的是一種固體，固體的東西，又可以分成動物、植物、礦物。你們可以問：盒子裡的固體，究竟是動物的、植物的還是礦物的？我告訴你們：是植物的！那麼，在固體這個範圍以內，又有三分之二除外了！範圍又縮小了。這樣一步一步縮小範圍，最後一定可以猜出來它是甚麼東西。」

楊老師提出來的這個「謎」，使學生發生很大興趣，個個躍躍欲試。膽子比較大的學生，先站起來發問：「老師，這種植物，是好吃的，還是不好吃的？」

全班大笑。楊老師說：「它是可以吃的。」

可以吃的植物仍然很多，究竟是哪一種東西呢？

教室裡轉爲默靜，大家皺著眉頭想問題。吳強突然舉手。他在獲得老師許可後，把一張字條，送到講桌上來。楊老師把紙條拿起來看了一下，笑著說：「吳強寫來了三個問題。看這三個問題，他已經猜中了。我現在把他的問題和我的答案都告訴你們：第一，他問：『這種可以吃的植物是吃它的莖，還是吃它的果？』我的答案：吃它的果。他又問：『這種可以吃的東西，形狀是長的，還是圓的？』我的答覆是圓的。他又問：……」

不待楊老師說完，一個叫金善葆的學生像跳一般的站起來說：「老師，是橘子！」楊老師不再說下去，動手打開紙盒，把裡面的兩個橘子拿出來，又引起一片笑聲。楊老師用他沉著的聲音，壓倒了一切笑聲說：「你們猜對了，果然是橘子。怎樣猜出來的呢？因為你們用了一個很有效的辦法：講理。」

楊老師在黑板上寫下「講理」兩個字，然後說：

「一件東西，如果不是液體，不是氣體，必定是固體，這是一定的理。如果我說盒子裡的東西既不是固體、氣體，也不是液體，那眞是豈有此理！盒子裡的東西既是固體，那它若不是動物，不是礦物，必定是一種植物。它不能既非動物、植物，又非礦物。因為『沒有那個道理』。萬事萬物都有理在，天陰有雨，是理；瓜熟蒂落，是理；水流濕、火就燥，是理；有煙的地方有火，是理。朱熹看見山頂上有蚌殼，推斷那座山頂從前是海底，也是根據理。自然界有理，人和人之間更靠一個理字來維持。中國有句俗話，叫

『理正泰山倒』，理的力量比泰山還大。中國人批評某人行爲不對，常說他不講理；有了紛爭，請第三者來評評理。你們從現在起，就該受一種訓練，使每一個人明理，每一個人能評理、能講理。怎樣訓練呢？那就是寫論說文。從這個學期起，我要你們多寫論說文。」

原來老師是這個意思。同學們又笑了。

看見大家有興趣，楊老師繼續說下去。他先從講邏輯的書上引來一個故事：

有一位太太帶了一個小孩，在河邊玩耍，他們不知道水裡面有可怕的鱷魚。小孩一不小心，被鱷魚用尾巴打昏了，跌進水裡。這位太太連忙哀求鱷魚把孩子放回來，只要把孩子放回來，她願意答應鱷魚任何條件。鱷魚說：「我要你說一句話。」太太忙問是甚麼樣的一句話，鱷魚說：「你說，情願讓我把孩子吃掉。」

楊老師說：「你們看，這就發生了怎樣講理的問題。這位太太，如果在學校裡沒寫過論說文，（學生笑），她就沒辦法應付這個鱷魚。當然，你們會說，這不過是一個故事罷了，世界上哪裡有會說話的鱷魚？我再講一個故事給你們聽罷。

有一位小姐，不喜歡一位先生，這位先生偏要追她，天天坐在她家裡不走。這位小姐，起初還應付他，後來覺得他實在討厭，就下逐客令，要他永遠不要再來。這個男的說：『如果你答應我一個條件，我就永不再來。』小姐說：『甚麼條件？你說好了。』那個男的說：『你嫁給我。』

你們看，這個故事，不是跟那個鱷魚的故事相同嗎？那位小姐，不是碰見了一個會說話的鱷魚？那位小姐，如果在學校裡沒學過論說文，恐怕要啞口無言了。」

金善葆聽見老師住口不說，著急的問道：「應該怎樣回答那條鱷魚呢？」

「回答哪一條鱷魚？」老師這樣反問。由於剛才發問的是一個女生，班上的男生想到了「鱷魚」的雙關意義，都笑出來。

說到這裡，楊老師忽然提出來一個毫不相干的問題：「你們今天看報了沒有？」

沒有。

「今天報上有一段小文章，很有趣，我替你們剪下來了。誰來把它讀一遍？呂竹年，你讀給大家聽！」

下面是呂竹年讀出來的一段文字：

過陰曆年的時候，我坐火車到鄉下去拜年。車上乘客很多，有一個人，顯然是喝醉了，也坐在車上。過了一會兒，列車長來查票，那個喝醉了的乘客拿不出票來。列車長說：「請你補票。」他說：「沒有錢嘛。」車長說：「沒有錢爲甚麼坐車？」他說：「要過年嘛。」車長說：「過年坐車也得買票呀！」他又說：「沒有錢嘛。」

呂竹年讀完了以後，楊老師模仿一個醉漢對話的口吻說：「請補票！」「沒有錢嘛。」「沒有錢怎能坐車？」「要過年嘛！」「過年坐車也得買票呀！」「沒有錢嘛！」「沒有錢怎能坐車？」「要過年嘛！」……在同學們的笑聲中，他說：「這樣一問一答，可以無限循環下去，看起來，似乎沒有辦法說服那個無票乘車的人；但是，如果你會寫論文，你就知道有辦法。」

楊老師看了一看手錶，覺得已經講了不少，就收起話頭：「我要看看你們講理的能力。要看你們怎樣跟人家講理，先聽你們怎樣跟人家吵架。我要你們把吵架的經驗寫出來。」

「吵架記」，這就是作文題目。不過，他悄悄通知吳強不必寫這個題目，他早已單獨的交給吳強一個作文題了。

是非法

一

楊老師收到吳強的文章了，那篇文章是這樣寫的：

世界！我討厭你！在這世界上，有太多的小丑，太多的無理，太多的噪音！

也許是天意？我沒有別人那樣流利的口才。父親雖然請了專門的醫師替我矯治，無奈沒有效驗。父親對我說：「這是一個很小的缺點，沒有甚麼關係，不要常常想著它！」是的，演算數學時，我和別人一樣靈活；打球的時候，我和別人一樣敏捷。在課堂上、球場上，我不弱於任何人。我只是不能參加演講比賽會而已。可是，有些人，偏要在課堂上諷刺我，他們在球場上不肯把球傳給我。我倒肯忘記我的缺點，可是他們不肯忘記。

在人聲喧鬧的地方，我總是覺得非常寂寞。我沒有辦法和別人打成一片。就是荒山上的魯濱遜，也不過像我一樣寂寞吧！不，魯濱遜可以遠遠離開人群，而我不能，我和許多人在一起，他們見了我，立即會發生一種優越感。我眞是莫名其妙：他們也都有短處，幹嘛要那麼驕傲呢？

我要好好讀書，出人頭地，給他們看看。

楊老師承認吳強這篇文章寫得很好，可是讀來總覺得甚麼地方不對勁。錯誤在哪裡呢？楊老師找出來了！當他教吳強寫這篇文章的時候，心裡希望吳強把它寫成一篇論說文。在他的心目中，論說文有論說文的口吻、筆調。吳強的這篇文章，造句的方法不像論文。

然而論文造句又用甚麼方法呢？

楊老師沉思了。「不愛惜光陰就是浪費生命」，這是論文；「流水一般逝去的光陰呀，誰能把你留住呢？」不是論文。「永遠勿忘母愛」是論文，「慈母啊！我永遠感謝你！」不像論文。「令人厭惡」是論文，「眞是討厭死了！」又不像論文。論文的寫法是「昨天令老年人覺醒，明天讓青年人盼望。」抒情文的寫法才是：「去的儘管去了，來的儘管來著。……太陽，它有腳啊！輕輕悄悄的挪移了！」……怎樣把這兩者的區別告訴學生呢？

他想起來，做論文的題目、用抒情的調子是學生的通病，有這個習慣的男生，占三分之二，而女生幾乎是全體。例如一個叫龔玫的學生寫的「論升學」——

兩年前考學校時的情形，像電影一幕幕的在我眼前晃動。考試前夜，通宵未眠，害得母親也陪了我一夜。心情緊張得不知看哪本書好？坐在椅上發呆，直到公雞叫了，東方露出鮮紅的太陽，我才在父、母、弟、妹陪同下踏進考場。然而，放榜的那一天，公佈欄上卻找不到自己的名字。來看榜的人一個個面帶笑容走了，我卻麻木的站在那兒。直到工友來關門，我才離開那兒，在街上無目的地亂走。名落孫山！還有甚麼面目回去見家人？現在，我又快要去參加另一次升學考試，萬一考不上呢？那真不敢想。只有多用功，每晚做功課到十二點，早上五點又得起床，這樣下去，恐怕不到升學的日子，我只剩下一把骨頭了。……

你看，這篇文章偏重寫自己的感覺，而不是寫出自己的「意見」。論說文乃是「講理」，是發表意見。——這樣說明，學生能不能領會，如果他們不能領會，該換個甚麼樣的說法呢？……想著想著，上課的鐘聲響了，楊老師只好放下這個未能解決的問題，到課堂中去。

二

下課以後，有人看見楊先生在辦公室裡發呆。

楊先生究竟在想甚麼呢？

在上課以前，他曾經想過，論文的句子與抒情文的句子不同。他一時說不明白，怎麼樣的句子才是論文的句子。剛才，他在課堂上講一課論文，反覆的念誦文中的句子，心中忽有所悟，下課以後，他把心中所起的那個念頭捉住了、固定了，使它清晰明朗起來。他想起測驗用的是非題。

還記得，當他初執教鞭時，第一次輪到他出題，其中是非題一項，煞費周折。他那時沒有經驗，不能立刻把一個是或非的問題組進一個句子裡。作文的句子似乎可以分成兩類，一類是含有是非問題的句子，還有一類是不含有是非問題的句子。論文的句子，正是那種含有是非問題的句子，這種句子是在表示一種判斷，其中包含著眞或假、對或錯、贊成或反對。近年來雖然不大用是非法測驗學生的程度，但是非法的測驗題仍然是學生所熟悉的。如果告訴學生：「論文的句子，很像是非法的題目」，學生一定可以觸類旁通。

對，就這麼辦。

楊先生動手搜集了例句，先翻查國中國文教科書：

一、在國中國文教科書裡，有哪些句子含有是非論斷、形成贊成反對呢？且看：

多認識朋友，就等於多讀好書。（林良：父親的信。國中國文第一冊。）

當我們關心周遭的人，生活的環境，社會的演進，這就是心智的躍升。（邵僩：讓關心萌芽。國中國文第一冊。）

世界上的生物，沒有比鳥更俊俏的。（梁實秋：鳥。國中國文第三冊。）

不要以願望代替實際作爲。

在企圖駕馭他人之前，先駕馭自己。（以上兩條俱見麥帥爲子祈禱文，國中國文第三冊。）

從有限的生命，發揮出無限的價值，使我們活得更爲光彩有力，在於我們自己掌握。（杏林子：生之歌。國中國文第三冊。）

惡法應反對，良法亦得要。（潘公弼：報紙的言論。國中國文第五冊。）

人是爲其他的人活著。（愛因斯坦：我心目中的世界，劉君燦譯。國中國文第五冊。）

我確信「敬業樂群」四個字是人類生活的不二法門。（梁啓超：敬業與樂業。國中國文第六冊。）

苦樂全在主觀的心，不在客觀的事。（梁啓超：敬業與樂業。國中國文第六冊。）

二、在國中國文教科書裡，又有哪些句子不作是非論斷？

望望滿園青翠鮮嫩的秧苗，每一片葉上沾滿了細小的水珠。（吳晟：不驚田水冷霜霜。國中國文第一冊。）

盼望著，盼望著，東風來了，春天的腳步近了。（朱自清：春。國中國文第四冊。）

我化作螢火蟲，以我的一生、爲你點盞燈。（鄭愁予：小小的島．國中國文第四冊。）

五里外的小鎭燈火，在松針稀疏處閃爍。（李潼：瑞穗的靜夜。國中國文第四冊。）

在教科書之外，楊先生再找了一些句子，考問學生：

一、下面的句子含有是非問題嗎？含有是非問題者註「+」號，不含是非題者註

「?」號。

中國是一個古老的國家。……………………（　）

人是萬物之靈。……………………（　）

氫二氧一合成水。……………………（　）

羅馬不是一天造成的。……………………（　）

教我如何不想他。……………………（　）

人兒伴著孤燈，梆兒敲著三更。……………………（　）

鳥兒希望它是一朵雲，雲兒希望它是一隻鳥。……………………（　）

華燈初上，行人湧至。……………………（　）

天啊！……………………（　）

光陰是一分一秒累積起來的。……………………（　）

暖風薰得遊人醉。……………………（　）

鏡也似的平湖，映著胭脂似的落照。……………………（　）

門開了。……………………（　）

天下事有難易乎？爲之，則難者亦易矣。……………………（　）

燕子去了，有再來的時候。……………………………（　）

我望著明月出神。……………………………………（　）

他又教學生：

二、把下面不含是非問題的句子，改寫成是非句：

我不知道他們給了我多少日子，可是，我的手漸漸空虛了。

天啊！

很多人不喜歡吃空心菜。

他今年考取了高中。

我看遍了川端橋的遠影、近影、側影。

他把這些句子印在紙上，發給學生。他先幫助學生辨認由教科書摘錄的兩組句子，再教學生就他的考題做練習。學生很有興趣，有些人興趣特別高，連第二組句子也改寫了。自然，寫得並不全對，可是改對了的也不少。楊老師把眾人改寫的成績分條編集，印了一張講義：

029　是非法

（一）教我如何不想他。

1人永遠不能忘記自己所愛的人。

2人不可忘記自己的恩人。

3受了別人的好處，一定要設法報答。

4受施愼勿忘。

5異性之間，有著神秘的吸引力。

（二）人兒伴著孤燈，梆兒敲著三更。

1更深人靜的時候，適宜獨思。

2失眠是一件痛苦的事。

3失戀的人內心是寂寞的。

4老年人需要有人陪伴。

（三）鳥兒希望它是一朵雲，雲兒希望它是一隻鳥。

1凡人皆對現實感覺不滿。

2幻想是不能實現的。

3意志不堅定的人見異思遷。

4幻想可以不受事實限制。
5慾望無止境。
6每人都認爲別人所有的東西比自己所有的東西更好。

（四）華燈初上，行人湧至。
1人們喜歡往熱鬧的地方去。
2黃昏時的都市才是繁華的。
3熱鬧的地方人多。
4人人容易迷戀繁華。

（五）天呀！
1傻子才呼天。
2天神有無比的威靈。
3天是公正的。
4人窮則呼天。

（六）門開了！
1敞開門窗可以使空氣流通。
2不小心門戶，容易招小偷。

（七）我望著明月出神。
1望月出神徒然浪費光陰。
2人在月光下時，情感特別豐富。
（八）我不知道他們給了我多少日子，可是我的手漸漸空虛了。
1誰也不能預知壽命有多長，只知道光陰越來越少。
2老人特別愛惜光陰。
3失去光陰的人才知道光陰可貴。
4時間的輪子是無情的。
5光陰愈無情，愈顯出生命可貴。
（九）很多人不喜歡吃空心菜。
1人若沒有眞才實學，就不受社會歡迎。
2富人不肯吃價錢便宜的菜。
3空心菜沒有營養價值。
4如果你天天吃空心菜，必定有一天絕不肯吃空心菜。
（十）他今年考取了高中。
1用功的學生有進步。

2有耕耘必有收穫。
3成績好，可以考進好學校。
（十一）我看遍了川端橋的遠影、近影、側影。
1川端橋是臺北最美麗的橋。
2川端橋的長度比不上西螺大橋。

三

在發還作業的時候，楊老師問：
「劉保成，昨天晚上，你做了些甚麼事？」
「我去看電影。」
「那部電影好不好？」
「不好。」
「何以見得？」
劉保成一時答不出。楊老師把眼光投向另一角：
「趙華，你昨晚在家裡做甚麼？」
「在家裡洗衣服。」

「你用哪一種肥皀?」

「我用肥皀粉。」

「爲甚麼用肥皀粉?有理由嗎?」

趙華低頭不答。楊老師又換了一個對象:

「金善葆!你聽見吧,他們兩個人,一個去看電影,一個在家裡洗衣服。你有甚麼意見?晚上在家洗衣服好,還是出門看電影好?」

不等金善葆答覆,學生都笑了。楊老師說:

「不要笑,我在教你們作論文。論文就是講理由,就是下判斷,就是表示意見。」

「有一天,外面有球隊來我們球場上賽球,你們都圍在四周看。我聽見你們一面看,一面批評,說這個球員打得好,那個球員打得不好,這個球員故意撞人,太不道德,那個球員個子高,爲甚麼不去控制籃下球……等等。你們那一片唧唧喳喳的聲音,就是講理由,就是下判斷,就是『論文』。」

「有一天,你們在大禮堂裡看話劇,會場秩序很壞,因爲很多人一面看戲,一面談話。他們在談甚麼呢?他們在說,某個角色爲人眞壞!某個角色穿的衣服不合身!某個演員的國語根本發音不準!這些觀眾都要發表意見,所以秩序不易維持,換句話說,臺下所以不安靜,正由於臺下『論文』太多。」

「你們，想把論文寫好的人，要養成下判斷、說理由的能力。判斷不是隨便下的，要理由。理由從哪裡來？從經驗、學問裡面來。把事實記下來的是記敘文，因事實引起感情爲感歎的是抒情文，由事實中抽繹出理由意見來的，就是論說文了。」

「昨天，我在茶館裡，看見兩個中學生在抽煙，他們抽的是雙喜煙，手指頭都薰黃了，這是記敘。這樣小小的年紀就抽煙，怎麼得了啊！少年人，你們的父母知道你們在這兒嗎？你們抽完了煙還要做甚麼事？眞使人憂慮呵！這是抒情。少年人不應該抽煙。應該有一條法律禁止少年人抽煙。中學生抽煙，這是學校教育的失敗。這就是論文了。」

「寫論文是下判斷。下判斷的語氣是『是非法』的語氣。先記住這些吧！」

四

受了楊老師的鼓勵，學生在寫周記的時候，都紛紛在「感想」欄內寫下「是非法」的句子來了！他們的意見也許不盡正確，但句型都對了：

社會風氣造成太保太妹。家庭、學校也有責任。

紅樓夢是一部壞書。

學校應該徹底廢止體罰。

035 是非法

男女合班上課不如分班上課。
「國文背誦比賽」毫無意義。
一個人要想成功，一定得手腦並用。
李政道、楊振寧是天才。
道德是一切行爲的標準，合乎道德的事，都是對的。
鋼骨水泥的建築，既美觀，又堅固。
勤儉是一種美德，但不應矯枉過正而成吝嗇。
學問固然重要，但是做人比求學問更重要。
義賣紅十字應該由大學生負責，他們不用再準備升學。

有些學生，從別人的文章裡找是非法的句子，抄下來：

鐔口易封，人口難封。——俗諺。
破家亡身，言語占了八分。——俗諺。
忠言逆耳利於行，良藥苦口利於病。——諺語。
沒有「僥倖」、最偶然的意外都是事有必至的。——席勒。

在寧靜中回味的感情，就是詩。——華茲華斯。
愛情是盲目的，愛人看不到他們所做的傻事。——莎士比亞。
獲得朋友的方法，是自己先做那人的朋友。——愛默生。
文之爲言，難工而可喜，易悅而自足。——歐陽修。

吳強、龔玫，也都用是非法的句子，重寫他們的思想：

在這世界上，最缺少溫暖和同情心。
生理上有缺陷的人，到處受人欺侮。
一個弱者，更要努力上進，出人頭地。
口吃是一種很小的缺點，不會妨礙前途。
人人都有缺點，只不過不一定是口吃罷了。——以上吳強。

升學考試是一場激烈的戰爭，你不能退縮。
不要緊張過度，以免疲倦、消瘦、記憶力減退。
在升學競爭中淘汰下來，只是一時的挫折。

成功的滋味雖然甜蜜，失敗的滋味卻異常難受。
世上無人像母親那樣寬容，她永遠原諒你。——以上龔玫。

拿證據來！

一

星期天，楊老師趕著批改作文簿。他坐在那裡，作文簿堆積起來高過了他的頭。時間一分一秒過去，那一疊作文簿逐漸減少。楊老師從作文裡面看見了學生的進步：書法比以前整齊了，造句比以前通順了，以前改正過的錯別字現在不再出現了，這些情形，使他覺得很欣慰。不過，舊的毛病醫好，新的毛病又出現了。

題目是「吵架記」，很多學生寫出來的卻是「罵架記」，一言不合，破口大罵，各種難聽的字眼，都可以罵出來。不錯，這是常有的事，社會上有些人往往放著該講的道理不講，去從事罵人的競賽。

還有一些學生，寫成了「打架記」，從作文裡面看，他們很不缺少打架的經驗，有了紛爭，武力解決，其中比較嚴重的情節，竟有「明天晚上九點鐘我在植物園等你」。

還有幾篇作文，描寫自己與別人發生爭執，受到人家狠狠的訓斥，自己卻沒有還嘴，忍氣吞聲了事，這樣的文章，只能算是「挨罵記」。不論罵架也好，打架也好，挨罵也好，「總而言之，都不會講理。」楊老師暗想。

爲甚麼他們不心平氣和的講理呢？有幾篇作文，給楊老師一些啓發。金善葆這樣寫道：

……我從李麗玉那裡，借來一本小說，正在看得津津有味，忽然外面有人喊我，我就把小說合上，走出教室。等我從外面回來，一看小說不見了。奇怪，被誰拿去了呢？我東張西望，哼，趙華手裡拿的不正是它嗎？我走到趙華座位旁邊問她：「你爲什麼拿我的小說？」趙華說：「你的小說？你也是借了人家的！」我一聽這句話，簡直氣昏了，我說：「你眞不要臉！」……

可想而知，下面一定是「相罵無好口」了。呂竹年寫的是：

……這幾天，失魂落魄的，總是忘記帶東西。前天，上化學課，老師進門以後就說：「我們要做測驗。」我趕緊翻書包，糟糕，一張測驗紙也沒有，只好向小林借，小林趁機會敲竹槓：「得請客。」好，請客就請客。昨天考國文，臨時發覺忘了帶鋼筆，這回向誰去借？誰能有兩支鋼筆呢？忽然想起來蓓蓓有兩支，借，是沒有問題，又是以請客做條件，我只好認了。誰知道，今天出門忘了帶請客的錢，她倆發現我沒有帶錢，指著我的臉，你一句，他一句，說個不休。我急了，大喊：「你們都是強盜！」

吵架是怎樣變成罵架的？這是兩個例子。這兩個作者，平素沒有培養講理的技巧，一旦被人家拿話塞住了嘴，心裡就急起來，一著急，就任憑情感奔放、意氣用事了。甲明明知道乙的話不對，可是又指不出錯在哪裡，只好說：「你的嘴巴大，直著量，八尺，橫著量，也有八尺！」乙也用同樣的話反擊說：「你有一張櫻桃小口，可惜配了一副驢臉。」這些學生們說，他們在這樣吵架的時候，有的人臉會發青，手會發抖。咳，咳，何苦來？

推開作文簿，楊老師泡了一杯茶。他的腦子裡，起了一幕一幕的幻景。他看見身材修長的趙華，正戴著她的近視眼鏡，專心讀一本書。而金善葆，那個即使在冬天兩頰也像蘋果一般紅的女孩，非常著急的趕了過來：「喂，趙華，急死我了，我以為把書丟了呢！趕快還給我吧。」趙華卻貼胸抱緊了那本書：「讓我看完了再還你吧，我被這個故事迷住了。」另一個的回答是：「我也很喜歡這個故事，我也剛剛看了一半，捨不得丟開，你總不能硬拿你的痛苦換走我的快樂。」這一個只好說：「你有理！」戀戀不捨的把書交出去。……

啊，不是這樣的，幻景又換了一幕：趙華坐在教室裡面的座位上，埋頭看那本小說，金善葆怒沖沖的趕過來：「趙華！你怎麼拿我的小說？」趙華忙把小說合起來放在背後，還她一句：「你的小說？你也是借了人家的！」金善葆忽然微微一笑：「趙華，我『也』是借了人家的。我借了人家的小說，得還人家是不是？你拿了我的小說，也得還我，是不是？……」不，金善葆不是這樣說的，她會說：「我借了人家的小說，有保管的責任，所以你必須還給我……」

喝了半杯茶，楊老師的眼前又浮起另一幕情景：楚望傑，這個做甚麼事情都粗心的孩子，伏在桌上修理他的鋼筆，修了很久，墨水仍然不能從筆尖流下來。他一時情急，倒提著筆往地上摔，想把皮管裡的墨水摔到筆尖上來，卻不料墨水濺到劉保成身上，弄得制服上兩排藍點子。劉保成大怒，也掏出自己的鋼筆，向楚望傑摔去……

不，不可如此，他只需走到楚望傑的座位旁，指著衣服上的藍點子說：「這是你弄的，怎麼辦？」而楚望傑，他很驚惶的說：「非常對不起。」劉保成著急的說：「道歉有什麼用？回家後，媽媽要打我。」楚望傑說：「坐下，我們想辦法，總有辦法的。放學後我跟你走，先到你家裡，向劉媽媽賠禮，這樣行了吧？」

「總而言之……」楊老師結束了他的幻想。

二

上課了。

「老師早！」

楊老師說：「你們都早！比我早得多！我昨天從校刊上還看見金善葆的文章：『早起的好處』。我記得，她在文章裡面，引了一首歌，來證明早起好。」說到這裡，楊老師就把校刊打開，朗誦起來：

大公雞，請你早點啼，
喚醒小妹和小弟，
大家都早起。
早晨空氣好，
讀書最容易，
專心讀幾遍，

永遠不忘記。

金善葆本來有一雙蘋果紅的臉頰，這時聽見老師公開宣讀自己的文章，又驚又羞，臉一直紅到脖子，她暗想：「老師是甚麼用意呢？」

老師馬上把用意說出來了：

「寫論文，需要引用證據。你說多難興邦，拿證據來；你說自由可貴，拿證據來；你說有恆爲成功之本，拿證據來。你們都喜歡讀小說，中國舊小說裡面寫到重要的事情，常常引出一首詩來，叫做『有詩爲證』。三國演義寫赤壁鏖兵，來一個有詩爲證，詩云：『折戟沉沙鐵未銷，自將磨洗認前朝，東風不與周郎便，銅雀春深鎖二喬。』三國演義中有詩爲證，如今金善葆的文章，也有詩爲證。」

大家一陣笑。等笑聲過去，楊老師已經在黑板上寫下一行字：

「三年二班的學生，都不會寫論說文」。

他問大家：

「這個句子合乎是非法嗎？」

學生認爲符合。

「那麼，你們贊成不贊成？同意不同意？你們認爲這句話對，還是不對？」

說「對」的也有，說「不對」的也有。

「假使我把這句話，寫在紙上，寄給一百公里以外的一個人看，問他有甚麼意見，他一定說，不知道，沒有意見。他不知道我的話對不對，因爲我沒有舉出證據來。我應該把你們的作文簿統統寄給他，或者，我應該從你們的作文簿裡面找出很多例子來，舉給他看。如果我從你們的作文簿裡舉例給他看，證明你們不會寫論說文，那麼我的這封信本身就像一篇論說文了。」

「寫論文，單單有詩爲證，還不能算是很好的辦法。我們爲甚麼要把證據寫出來呢？因爲我們要人家相信我們的意見，希望人家贊成我們的道理。有證據，人家才相信，沒有證據，人家不容易相信。這種證據，需要有力量，需要是所謂有力的證據。而詩歌這樣東西，作證的力量比較薄弱。甚麼樣的證據才有力量呢？需要用事實作證據，事實是可靠的，人家會覺得你的意見也可靠，事實是眞的，人家會覺得你的道理也眞。所以，我們不僅要有詩爲證，還得『有事爲證』才行。」

楊老師吩咐每人拿出一片紙來，寫一件「早起的好處」的「事實證據」。十分鐘後，他把這些紙片收齊了，一張一張的看，看了幾張以後，他說：

「趙華說，她認識一個三十多歲的太太，這位太太有好幾個孩子，家務事很忙，可是身體很健康，臉上有一種光采。她爲甚麼沒有憔悴呢？因爲每天早起。趙華說，這位太太在幾年前生過一場大病，醫生吩咐她每天六點鐘起來散步，她照著醫生的話去做，身體很快的復元了，她一直保持著這個早起的習慣，也一直保持她的健康愉快。這是一件事實，是趙華親眼看見的事實，它可以爲『早起的好處』作證。」

「有了這個證據，是不是夠了呢？還不夠。這位太太從早起得到健康，只有趙華一個人知道，我們都不知道。如果另外找一個證據，找一件我們每個人都知道的事，作證的力量會更大些。」

「看劉保成舉出來的證據吧：他說，我們的校長，每天黎明的時候起來爬山，如果天下雨，就在走廊下面打太極拳，所以，我們的校長儘管年紀不小了，面孔還是紅紅的，說話聲音很響亮，從來不生病。我們人人都認識校長，我們人人都承認他由早起得到健康，由他來作證，對我們更有說服力。」

「這樣，是不是夠了？不，本校的師生，人人認識我們校長，本鎮的居民，大部份都認識我們校長，可是臺南、臺北的人，未必認識他，不知道他『由早起得到好處』的經過。論文是寫給所有的陌生人看的，所以，論文裡面的例子，還需要另外一種事實，那就是公認的事實，像歷史事實，記載在史書裡面，人人有機會知道，這種歷史事實，經過古今歷史家的評定，人人都可以相信，把這種事實舉出來作證，力量更大。」

「在這裡，楚望傑舉出來一件歷史事實，他說：祖逖和劉琨聞雞起舞，後來做出一番事業。祖逖和劉琨，都不是躺在床上睡懶覺的人，他們聞雞起舞，來鍛鍊自己的體魄和武藝；他們聞雞起舞，來鼓舞朝氣；他們聞雞起舞，來抒散胸中待機報國的熱情。『早起好』，楚望傑用這件事實來加以證明。把他們三個人所舉的例子，合在一起，就可以寫成一篇論說文，至少可以說，有了這三個例子，我們就有了一篇論說文的主要內容。」

關於「舉證說明」，教科書裡有例子：

南陽諸葛廬，西蜀子雲亭。……何陋之有？（劉禹錫：陋室銘。國中國文第四冊。）

大禹之聖，且惜寸陰，陶侃之賢，且惜分陰。又況賢聖不若彼者乎？（李文炤：勤訓。國中國文第五冊。）

國中國文第三冊，麥克阿瑟爲子祈禱的時候說：「讓他遭受困難與挑戰的磨鍊和策勵，讓他藉此學習在風暴之中挺立起來。」

國中國文第四冊，孟子引述好幾位歷史人物的成長經過，可以當作例證：舜發於畎畝之中，傅說舉於版築之間，膠鬲舉於魚鹽之中，管夷吾舉於士，孫叔敖舉於海，百里奚舉於市。

國中國文第五冊，何仲英在「享福與吃苦」中說：幾多聖賢豪傑，哪一個不是從吃苦中磨鍊出來？他舉的例證：釋迦牟尼，孔子，陶侃，英國名相格蘭斯頓。

楊老師需要一篇比較雄辯、舉例比較密集的文章，他借用胡適的社會的不朽論：

社會的不朽論

社會的生命，無論是看縱剖面，是看橫截面，都像一種有機的組織。從縱剖面看來，社會的歷史是不斷的，前人影響後人，後人又影響更後人。沒有我們的祖宗和那無數的古人，又哪裡有今日的我和你？沒有今日的我和你，又哪裡有將來的後人？沒有那無量數的個人，便沒有歷史；沒有歷史，那無數的個人也絕不是那個樣子的個人。總而言之，個人造成歷史，歷史造成個人。從橫截面看來，社會的生活是交互影響的；個人造成社會，社會造成個人。社會的生活全靠個人分工合作的生活，但個人的生活，無論如何不同，都脫不了社會的影響。若沒有那樣這樣的社會，絕不會有這樣那樣的我和你，若沒有無數的我和你，社會也絕不是這個樣子。來勃尼慈說得好：

「這個世界乃是一片大充實，其中一切物質都是接連著的。一個大充實裡面，一面變動，全部的物質都要受影響，影響的程度與物體距離的遠近成正比例。世界也是如此，每一個人不但直接受他身邊親近的人的影響，並且間接又間接的受距離很遠的人的影響；所以世界的交互影響，無論距離遠近，都受得著的。所以世界上的人，每人都受著全世界一切動作的影響。如果他有周知萬物的智慧，可以在個人的身上看出世間一切施爲，無論過去未來都可看得出。在這一個現在裡面，便有無窮時間空間的影子。」

從這個交互影響的社會觀和世界觀上面，便生出我所說的「社會的不朽論」來。我這「社會不朽論」的大旨是：

我這個「小我」不是獨立存在的，是和無量數小我有直接和間接的交互關係的；是和社會的全體和世界的全體都有互爲影響的關係的；是和社會、世界的過去和未來都有因果關係的。種種從前的因，種種現在無數「小我」和無數他種勢力所造成的因，都成了我這個「小我」的一部分。我這個「小我」加上了種種從前的因，又加上了種種現在的因，傳遞下去，又要造成無數將來的「小我」，這種種過去的「小我」，和種種現在的「小我」，和種種將來無窮的「小我」，一代傳一代，一點加一點；一線相傳，連綿不斷；一水奔流，滔滔不絕——這便是一個「大我」。「小我」是會消滅的，「大我」是永遠不滅的。「小我」是有死的，「大我」是永遠不死、永遠不朽的。「小我」雖然會死，但是每一個「小我」的一切作爲，一切功德罪惡，一切語言行事，無論大小，無論是非，無論善惡，都永遠留存在那個「大我」之中。那個「大我」便是古往今來一切「小我」

的紀功碑、彰善祠、罪狀判決書，孝子慈孫百世不能改的惡謚法。這個「大我」是永遠不朽的，故一切「小我」事業、人格、一舉一動、一言一笑、一個念頭、一場功勞、一樁罪過，也都永遠不朽。這便是社會的不朽，「大我」的不朽。

那邊「一座低低的土牆遮著一個彈三絃的人」。那三絃的聲浪，在空間起了無數的波瀾；那被衝動的空氣質點，直接間接衝動無數旁的空氣質點；這種波瀾，由近而遠，至於無窮空間，由現在而將來，由此剎那以至於無量剎那，至於無窮時間——這已是不滅不朽了。那時間，那「低低的土牆」外邊來了一位詩人，聽見那三絃的聲音，忽然起了一個念頭；由這一個念頭，就成了一首好詩；這首好詩經許多人傳誦，人讀了這詩各起種種念頭；由這種種念頭，更發生無量的念頭，更發生無量數的動作，以至於無窮。然而那「低低的土牆」裡面那個彈三絃的人又如何知道他所發生的影響呢？

一個生肺病的人，在路上偶然吐了一口痰。那口痰被太陽曬乾了，化爲微塵，被風吹起，東西飄散，漸吹漸遠，至於無窮時間，至於無窮空間，偶然一部分的病菌被體弱的人呼吸進去，便發生了肺病，由他一身傳染一家，更由一家傳染無數人家。如此輾轉傳染，至於無窮空間，至於無窮時間。然而那先前吐痰的人的骨頭早已腐爛了，他又如何知道他所種的惡果呢？

一千五、六百年前有一個叫做范縝的說了幾句話道：「神之於形，猶利之於刃；未聞刃沒而利存，豈容形亡而神在？」這幾句話在當時受了無數人的攻擊，到了宋朝有個司馬光把這幾句話記在他的資治通鑑裡。一千五、六百年之後，有一個十一歲的小孩子——就是我——看通鑑看到這幾句話，心裡受了大感動，後來便影響了他半生的思想行事。然而那說話的范縝早已死了一千五百年了！

二千六、七百年前，在印度地方有一個窮人病死了，沒有人收屍，屍首暴露在路上，已腐爛了。那邊來了一輛車，車上坐著一個王太子，看見了這個腐爛發臭的死人，心中起了一念，由這一念輾轉發生無數念。後來那位王太子把王位也拋了，富貴也拋了，父母妻子也拋了，獨自去尋思一個解脫生老病死的方法。後來這位王子便成了一個教主，創了一種哲學的宗教，感化了無數人。他的影響勢力至今還在；將來即使他的宗教全滅了，他的影響勢力終久還存在，以至於無窮。這可是那腐爛發臭的路屍所曾夢想到的嗎？

以上不過是略舉幾件事，說明上文說的「社會的不朽」、「大我的不朽」。總而言之，這種不朽論，只是說個人的一切功德罪惡，一切言語行事，無論大小好壞，一一都留下一些影響在那個「大我」之中，一一都與這永遠不朽的「大我」一同永遠不朽。

由呂竹年朗誦全文之後，楊老師說：「這篇文章，你們以前早已讀過了，現在，你們換一個眼光重新欣賞欣賞。這篇文章主要的意思是說『一個人的行爲，必定在社會上留下永不消滅的影響。』這是個合乎『是非法』的句子。這個句子，靠很多證據建立起來，這些證據有：范縝留下了永不消滅的影響，釋迦牟尼留下了永不消滅的影響，一個生肺病的人，一個彈三絃的人，也都留下了永不消滅的影響。後來胡先生回國，他在演講的時候又提到這個觀點，又補充了幾件證據。他說，他在美國留學的時候，有一位房東太太紮鞋帶的方法很特別，很多房客受了她的影響，照她的方法紮鞋帶。中國留學生把這種方法帶回中國，又教會了很多人，經過輾轉影響，不知道有多少中國人在用那位房東老太太的辦法紮鞋帶。可見即使是很小的事情，它所產生的影響也是又遠又長。有了這些證據，於是我們承認一個人的行爲會在社會上留下永不消滅的影響……」

三

學生的作業來了，有幾篇寫得很好：

超越障礙

吳　強

貝多芬到了晚年，慢慢的失去了他的聽覺。聽覺是音樂家最重要的官能，音樂家可以瞎，可以跛，不能聾。可是貝多芬克服了這個困難，他在耳聾以後，仍然寫出來偉大的樂章。

法國的英雄拿破崙，橫征歐陸，不可一世。直到今天，法國人聽到拿破崙的名字，還覺得驕傲。其實這位英雄的外形非常平凡，他很矮，有點駝背，但是他給法蘭西創造了光榮。

米爾頓，英國的詩人，他是個了不起的人物。在英國的克林威爾時代，米爾頓原是個重要的人物，他對政治很熱心。不幸他眼睛生病，幾乎瞎了。他隱居寫詩，世界上多了一些偉大的詩篇。

還有，羅斯福，美國在二次大戰期間的領導者，他是個很出色的總統。可是，我從紀錄片上看見，他走路是跛腿的。原來他得過小兒麻痺症，留下缺陷。

貝多芬、拿破崙、米爾頓、羅斯福，他們的身體都有缺陷，然而他們都是了不起的人。可見，身體有缺陷的人，將來一樣可以有他的成就。

談談男女合班

呂竹年

自古男女有別。女生喜歡多嘴，天天唧唧喳喳，常搬弄人家的是非，男生喜歡打架，逞英雄。班上有了女生，男生不知不覺都自己覺得了不起，都想在女生面前做好漢，班上添了多少打架的事！

還有，班上有了工作，男女生總是互相推諉。男生罵女生懶，女生罵男生小器鬼。開班會，男女分成兩個壁壘，你贊成的我反對，我反對的你贊成。

還有，體育課的課程，男女不同，每逢上體育課的時候，老師都要花一半時間教男生，再花一半時間教女生。這不是只有一半效果嗎！

總而言之，男女合班不是好制度。

說故事

有一天，楊老師在校園裡碰見幾個學生。他留在那裡跟學生閒談了一會兒，談到國文的時候，楊老師希望他們對國文教學發表一點意見。學生說：「別的老師教國文，常常講故事給大家聽，老師您教國文，只講是非法，您爲甚麼不講故事給我們聽呢？」楊老師說：「好，下一堂我就講故事。」

噹噹噹，上課了。學生們都知道楊老師要講故事了，一個個睜大了眼睛等著聽。楊老師走上講臺，宣佈這一堂要講故事，底下有人情不自禁地鼓掌；在掌聲中，楊老師要大家打開課本。

學生立刻覺得失望，一齊喊道：「老師講故事！老師要守信用！」楊老師微微一笑，用手指著課文說：

當然守信用，當然講故事，教科書裡有很多故事，教科書的編輯委員知道你們愛聽故事，不過，你們不是爲了聽故事而聽故事，是爲了寫論說文而聽故事。你看：

琴涵：酸橘子。國中國文第三冊。

作者說，他買來的橘子很酸，只好擱在一邊不吃。一個星期以後再剝一個嘗嘗，居然甜得很！水果摘下來，需要經過一個果熟期。

他由「果熟期」說到少年人對愛情的態度，愛情的果實也要到了時候再吃才甜美。

國中國文第四冊，岳飛：良馬對。

岳飛說他本來有一匹良馬，養馬需要很高的條件，現在他只有一匹普通的馬，以很低的條件就可以飼養，但是，需要良馬的時候，絕非普通的馬可以代替。

岳飛的意思是說，領袖對傑出的人才和平庸的人，要有不同的對待。

國中國文第五冊，劉蓉習慣說：他的書房地面不平，每逢走到低凹的地方，都有幾乎跌倒的感覺，時間一久，也就習慣了。後來他把窪處填平，恢復正常，走上去反而嚇一跳，幾乎被絆倒，再過一段時間，又習慣了。

他說完這件事情以後感歎：習之中人甚矣哉！故君子之學貴慎始。

楊老師加重了語氣：尤其是今天要講的這一課：

爲學一首示子姪

天下事有難易乎？爲之，則難者亦易矣；不爲，則易者亦難矣。人之爲學有難易乎？學之，則難者亦易矣；不學，則易者亦難矣。

吾資之昏，不逮人也；吾材之庸，不逮人也。旦旦而學之，久而不怠焉；迄乎成，而亦不知其昏與庸也。吾資之聰，倍人也；吾材之敏，倍人也，屏棄而不用，其昏與庸無以異也。然則昏、庸、聰、敏之用，豈有常哉？

蜀之鄙。有二僧：其一貧，其一富。貧者語於富者曰：「吾欲之南海，何如？」富者曰：「子何恃而往？」曰：「吾一瓶一缽足矣。」富者曰：「吾數年來欲買舟而下，猶未能也。子何恃而往？」越明年，貧者自南海還，以告富者，富者有慚色。西蜀之去南海，不知幾千里也；僧之富者不能至，而貧者至焉。人之立志，顧不如蜀鄙之僧哉？

是故聰與敏，可恃而不可恃也。自恃其聰與敏而不學，自敗者也。昏與庸，可限而不可限也。不自限其昏與庸而力學不倦，自立者也。

等學生看完這篇文章後，楊老師就開始了他的講授：

同學們，你們都喜歡聽故事，我也喜歡聽故事，幾乎人人都喜歡聽故事。故事，它有一種特殊的魅力，吸引我們，使我們注意它，喜歡它，聽完了還一直想它。故事的這種魅力是從哪兒來的呢？原來故事能發生兩種作用：第一，它能給我們趣味，第二，它能啓發我們的思想。它既然能夠啓發我們的思想，那麼它的作用，跟一篇論說文的作用，在某一點上，可以聯合起來。

「爲學一首示子姪」的作者彭先生，他寫一篇文章給他的子弟們看，他要告訴那些年輕人求學不要怕困難，天下無難事，只怕心不專，只要你不怕困難，專心去做，即使自己的條件差一點，也總有成功的一天。彭先生要寫的，是一篇論說文，可是，他發現有一個故事，這個故事教人家聽了以後可以發生一種感想，覺得做事不應該怕困難，覺得人只要努力去做，就是自己的條件差一點也一定能夠成功。彭先生覺得那個故事所能發生的作用，跟他要對子弟們所發的議論，可以聯合起來，他就在這篇「爲學一首示子姪」裡面把這個故事用上了。

他說，西蜀偏僻的地方，有兩個和尚，他們都想到南海朝聖。其中有一個和尚很有錢，有錢的人打有錢人的算盤，由四川到浙江，路是這麼遠，一路上的花費是這麼多，朝聖談何容易！另外一個和尚很窮，窮人有窮人的辦法，他用自己的兩隻腳往前走，假定一天能走五十里，十天就是五百里，一百天就是五千里，花上一年的功夫，來去不成問題。他也不要甚麼路費，路上餓了向人家討飯吃；和尚討飯不叫討飯，叫化緣，化緣並不是丟人的事情。結果，有錢的和尚沒能夠去，窮和尚倒朝聖回來了。這不是天下無難事嗎？這不是不問困難不困難，只問肯幹不肯幹嗎？

前面我們說過，故事不但可以啓發我們的思想，更可以給我們很多趣味，用故事來配合說理，一方面使你的道理說得更清楚，一方面也可以使你的文章更吸引人。

有一次，孟子對他的學生說，天地間的事情，都不能勉強速成。爲了配合他的道理，他說了一個故事，他說：有一個種田的人，嫌自己田裡的稻子長得太慢，就伸手去拔，拔過之後，稻苗立刻高了一些，他覺得這個辦法很好，就把自己田裡的每一棵稻苗都拔高了。他費了很大的力氣；可是第二天，太陽一晒，稻苗都死了。你看這不是不能勉強速成嗎？

戰國時候，趙國要去攻燕國，有一個人名叫蘇代，他認爲趙國不應該攻打燕國，如果燕、趙兩國自相殘殺，得好處的還不是別人嗎？他說了一個故事來配合他的理論。他說：河邊上有一個蚌在晒太陽，他張開蚌殼露出他的肉，一隻水鳥看見了，覺得蚌肉很好吃，伸嘴去啄，蚌就連忙把蚌殼合起來，恰巧把水鳥的嘴夾住了。蚌心裡暗暗的想：我要看著你餓死！水鳥心裡也暗暗的想，我要看著你被太陽晒死！誰知道旁邊來了一個漁翁，把他們兩個都捉了去。你看，趙國如果攻打燕國，不也正是給別人製造機會嗎？

還有，像耶穌，他是一個大宗教家，他說服很多人信從他，他很會利用小故事傳教。他留下的小故事很多，舉一個例子吧，他說：一個人有兩個兒子，大兒子安份守己，小兒子鬧著要分家，父母沒辦法，只好把財產分給他。他帶了所有的錢，到外面去旅行，花天酒地，把所有的錢都花光了，最後落得了給人家放豬爲生，有時候肚子餓了，就吃豬吃的東西。有一天，他徹底覺悟了！他要回到父母的身邊去，接受任何處罰。他跪在父親面前，痛哭流涕，他的父親完全原諒了他，恢復他在家庭裡面原來的地位。這就是有名的浪子回頭的故事，耶穌說這個故事，勸人勇敢的悔改信教。

說故事本來是小說家的拿手好戲，在小說家看來，天地間充滿了小故事。不錯，天地間的故事的確不少，人人都能發現故事，小說家所能發現的比別人多。不過，小說家發現了一個故事，比較偏重那個故事的過程，而寫論文的人比較偏重那個故事所能啓發的思想。

從前，孔子經過泰山附近，遇見一個寡婦在哭，孔子對那個不幸的婦人表示同情，那位太太說：「這兒有老虎，常常出來吃人，我的兒子被老虎吃掉了，我的丈夫也被老虎吃掉了，我的命好苦啊！」問她爲什麼不早一點搬家？她說：「這裡做官的人，對待老百姓還算不太刻薄。」孔子對他的學生說：「你們記著啊！做官的人如果壓迫老百姓，那是比老虎還要可怕呢！」

戰國時代，有一個人，名叫鄒忌，他自己覺得他是個漂亮的男人，可是他不知道，他究竟是不是全國最漂亮的一個。他拿這個問題去問他的太太，去問他的姨太太，又問來拜訪他的客人，他們異口同聲的回答說：「在咱們齊國，只有鄒先生您是最漂亮。」起初，鄒忌也相信了；可是經過他自己的觀察比較，他發現自己實在並沒有那樣漂亮，實際上別人怕他，愛他，或者是有求於他，才說他是頂漂亮的人，來討他的喜歡。他由這件事情，發生了一個感想。他認爲，一個人稍稍有點地位以後，就會有很多人來欺騙他；國王是地位最高的人，他要受多少人的包圍和欺騙啊！他哪兒有機會聽老實話啊！他把他的感想，告訴了齊威王，也打動了齊威王，促成了齊國的政治改革。

孔聖人和鄒忌，都是理論家，不是小說家，他們用寫論文的眼光發現故事；用寫論文的頭腦處理故事；練習寫論文的人，不妨跟他們學習。昨天的報紙上有一個小故事，昨天是星期天，臺北市成都路行人很多，有一位小姐，忽然被一個男人攔住了。男的說：「高跟鞋脫下來，還我的！」女的沒有辦法，只好把鞋脫下來，自己赤著腳走路，到鞋店裡去買鞋。這是怎麼回事呢？原來那個男的曾經追求那個女的，送給女朋友一雙高跟鞋，後來，女的另外有了男朋友，原來那個男的很不高興，昨天在馬路上當街脫鞋，算是他的報復。這條新聞登在報上，寫小說的人可以看見，寫論文的人也可以看見，各人有各人的用處。寫論文的人，在討論男女戀愛問題的時候，就可以利用這個小故事來吸引讀者、啓發讀者。

那篇「爲學一首示子姪」，是把故事放在文章的中間。這是最常見的一種辦法，先發一段議論，中間說一個故事，然後再發一段議論。最近若干年來，通行另外一種辦法，把故事放在文章的開頭。這個辦法更好，它可以一開始就抓住讀者，讓讀者繼續看下去。

有一個美國人，他說他有一次到非洲去旅行，在非洲坐黃包車，跟車夫談天，美國人說：「拉車很苦吧！」車夫說：「可不是啊！不過再過兩個月我就不拉車了。」美國人問：「爲甚麼不拉車了呢?」車夫說：「我參加美國的一家函授學校，學分已經修完，再過兩個月，他們給我一個學位，我就是哲學博士了。」這是一篇文章的開頭，文章的題目是「美國教育的危機」，它檢討美國教育的種種缺點，包括「濫授學位」。

有一個人，從小離開了他的家，去尋找人生的意義，他找了二十年，走了幾千哩路，找得非常辛苦，最後，他經過一個農家，時候是在晚上，他看見農夫跟他的太太小孩，正在一塊說說笑笑，享受天倫之樂。他看了半天，好像有了覺悟，覺得已經找到了人生的意義，就結束了他的流浪，回到家裡去了。這是一篇文章的開頭，這篇文章的題目是「不要忽視你的家庭」。

在好萊塢，男女電影明星常常出出進進，他們經過的時候，一般人非常高興地注視他們；等他們走過以後，又對著他們的背影指指點點地議論。有一天，一個男明星和女明星一塊兒走過去，那條街上的人從來沒看見這兩位明星在一起散步，這天看見了，就在背後議論：他們兩個甚麼時候結婚啊！後來，那兩個明星結了婚，又一塊出來散步，旁邊的人又在那兒暗中議論：他們甚麼時候離婚啊！這是一篇文章的開頭，這篇文章的題目，是「婚姻不可兒戲」。它先指出好萊塢的婚姻，離合如同家常便飯，弊害甚大。

說故事是文學家的專長，他們給我們留下很多美麗的故事，這些故事裡面都有很深的含意，寫論文的人常常從文學家那裡借故事來。曹雪芹創造一個故事，叫做《紅樓夢》，這個故事涵義很豐富，不知幫了寫論文的人多少忙。《紅樓夢》是拿中國舊式的大家庭做背景的，後人討論大家庭的缺點，就常常把《紅樓夢》的悲劇提出來。

莫利哀創造過一個故事，我們翻譯成《慳吝人》，主角是一個守財奴，他絕對不肯用他的錢，他整天懷疑有人要偷他的錢。有一次，他的疑心病實在太重了，竟然覺得他自己會偷自己。討論財富觀念的人和討論變態心理的人，都可能提到這個故事。

西班牙的作家塞萬提斯創造了一個故事叫《唐吉訶德傳》，這是說一個叫吉訶德的人，看武俠小說看入了迷，自己也想到外面去做劍俠。他到了外面，到處管閒事，鬧了不少的笑話，也挨了不少的打，後來弄得怪可憐的。他看不慣人家做的事，其實，人家不一定錯，是他的眼光有問題。他一肚子正義感，其實完全因爲太幼稚。我們如果討論這一類的問題，也可以把吉訶德先生抬出來。

你們這些喜歡聽故事的人，平時聽了很多的故事，讀了很多的小說，看了很多的電影、話劇，希望你們不要忘了，這都是你們寫論文的資料，你們大可以在論文開頭的時候，或者在論文的中間，安排一個故事。故事跟證據不同，證據是實際上有過那件事，故事只是一個故事。論文的證據，可以多舉幾個，故事只要一個就行。

龔玫，你不是說升學考試可以決定一個人的命運嗎？《言曦五論》裡有個故事：有一個女孩，高中畢業以後參加大專聯考，一連兩次都沒有考取，她的精神受了很大的刺激，認爲這一生都完了。她鼓起所有的勇氣去參加第三次聯考，她說，如果再考不取，非自殺不可。到了放榜的這天晚上，女孩的全家都萬分緊張，她家住的那一條巷子裡面，所有的人家都覺得緊張。龔玫，這個故事你也許用得著。

下面我再說幾個小故事。《飄》這部小說，很多人都看過，女主角的名字叫郝思嘉。郝思嘉的母親是一個很賢慧的太太，她對丈夫、對孩子、對家務，都沒有甚麼可批評的地方。到她臨死的時候，她叫：「菲利浦！菲利浦！」這是一個男人的名字，這個男人既不是她的丈夫，又不是她的兒子，他們全家都不知道這個男人是誰，只有當年陪嫁過來的一個黑奴知道，原來那個菲利浦是死者的第一個男朋友。她眞正愛過那個男人，她出嫁以後，做太太、做母親、做主婦，做了幾十年，表面上好像沒事的人一樣，其實那個菲利浦一直藏在她心裡。我看你們的作業，看到一句「人永遠不能忘記自己所愛的人。」我立刻想起郝思嘉的母親來，她的故事可以配合你們的理論。

還有一個故事，是法朗士寫的，他說：當初上帝造人的時候，人沒有現在那麼多，每個人背上都背了一個大包袱，人類常常向上帝抱怨，怨自己的包袱太重、別人的包袱太輕。有一天，上帝叫這些人交換包袱，大家聽到這個命令，都很高興；可是，把別人的包袱背過來以後，反而覺得更沉重，覺得不如以前輕鬆。我看你們的作業，看到一句「人皆對現實感覺不滿」，我立刻想起法朗士的故事來，這個故事，可以配合你們的理論。

這一堂，你們要聽故事，我講了這麼多故事，滿足了嗎？

肌肉

一

學生看見楊老師走進教室，一致嚷起來：

「老師，講故事！」

楊老師說：「不能再講故事了，上一次我們講故事講得太多了。拿論說文來說，故事好比是炒菜的味精，少放一點可以提味，千萬不能多放；故事又好比是一種化妝品，可以使一篇論文特別漂亮一些，會化妝的人，自然也不亂用化妝品。」

學生仍然不死心，還是嚷著要聽故事。

楊老師說：「好，好，我們來個折中的辦法。我們要提到一本小說，那就是大名鼎鼎的《紅樓夢》。」

大部份學生都看過《紅樓夢》，知道這是一本愛情小說，現在聽說這本書要進課堂，臉上都露出笑容。

楊老師說：「前些日子，我看你們的作業，有一位同學在作業簿上寫了一句話：《紅樓夢》是一本壞書。這句話是一種判斷，是對《紅樓夢》的一種批評，他的態度，正是寫論文的態度。我曾經問這位同學，憑甚麼理由斷定《紅樓夢》壞？他說，這是教會的牧師告訴他的。不錯，你如果到教堂裡去問牧師，十個牧師就有九個說《紅樓夢》是一本壞書，他們反對教徒看這本書；在初級中學裡面，也有很多老師禁止學生看這本書。」他們的意見是：

我們不應該看壞書。

《紅樓夢》是一部壞書，

所以我們不應該看《紅樓夢》。

「這三句話，可以算是一篇論文的骨架，骨架上面，勢必要附上肌肉。這些肌肉是甚麼東西呢？你們早已看見過這些東西了。有些學生，進步比較快，早已會在他們的論說文裡安排這些東西了。」

「你們都讀過胡適先生的那篇不朽論，他說：一個彈三絃的人，留下了不可磨滅的影響；一個生肺病的人，也留下了不可磨滅的影響。這兩句話，好比是兩根骨頭，爲了把那個彈三絃的人怎樣輾轉影響別人說個明白，胡先生寫了好幾百字。那個生肺病的人又怎樣輾轉影響別人，文章裡面也用了一兩百字。你看，一句話變成好幾百字，而好幾百字仍然離不開那句話，這就是骨骼支持肌肉，肌肉附著在骨骼上。」

「班上的吳強同學，他寫過一篇文章，大意說，人在生理上縱然有某種缺陷，仍然可以有很大的成就。他在這篇文章裡，安排了一個骨架。他說，羅斯福生理有缺陷，可是羅斯福有了不起的成就；米爾頓在生理上有缺陷，可是米爾頓後來有了不起的成就；由此可見，身體上某一部分的弱點，並不能阻擋這個人努力和發展，只不過換一個發展的方向罷了。這個骨架，說來不過五六句話，可是吳強也寫了好幾百字，這也可以看出骨骼肌肉的關係。」

「肌肉到底是甚麼東西呢？我用一句話把它說出來，所謂肌肉，就是把你拿來當作骨骼的那句話，解釋清楚，說個明白。現在把話回到《紅樓夢》上，《紅樓夢》是一部壞書，理由究竟在哪裡？它的罪狀是甚麼？不能不說個明白，這種說明，就是論文的肌肉。我們不應該看壞書，我們爲甚麼不應該看壞書？壞書對我們有什麼害處？應該解釋清楚，這種解釋，也是論文的肌肉。」

「我們先研究《紅樓夢》爲什麼是一部壞書？這要先問《紅樓夢》的情節是什麼。劉保成，你把《紅樓夢》的情節說出來！」

劉保成很勇敢地站起來說：「從前，一座荒山下面有一塊石頭，這塊石頭能大能小，還會投胎做人。後來，他變成一個公子哥兒。後來，那個公子哥兒，天天帶著這塊石頭。後來……」

楊老師用手勢打斷他的話，問道：「你打算用多少時間來說明《紅樓夢》的情節？」劉保成說：「我不知道。」當劉保成站起來講故事的時候，全場鴉雀無聲，一雙一雙小眼睛都睜得很大，大家一致注意他講些什麼。後來聽劉保成說「我不知道」，全場在緊張中感覺到一陣突然的輕鬆，爆出一個哄堂大笑；楊老師也跟著笑了。

楊老師說：「你應該知道你可以用多少時間來說明《紅樓夢》的情節，因爲你應該知道你的一篇論文有多少字。如果文章是五百字，說明《紅樓夢》的壞處最好不能超過三百字。如果文章是一千字，說明《紅樓夢》的壞處最好不超過五百字。你不能讓一隻胳膊或者一條腿長得太粗。我看劉保成倒是《紅樓夢》的忠實讀者，（學生都笑，連劉保成自己也笑。）不過，照他這樣講下去，絕不是短時間能夠講完的，這一學期我們不用講別的了。照這個情勢看，要寫這篇文章，先到書店裡去買一本《紅樓夢》，然後，在書底下貼一張字條，上面寫著：我們都不應該看這一本壞書，就可以交卷了。有這樣的辦法嗎？」

學生的回答是微笑。

楊老師繼續說：「劉保成，剛才你也許很難爲情。我希望你能由此記得，你應該有一種能力，把一件複雜的事情找出它的要點來，用很簡單的話說個明白。你必須有這個能力，如果沒有，要從現在起培養這個能力。」

楊老師朝著全班同學用力地重複了一遍：「你們都應該有這個能力，如果誰還沒有這種能力，也要從現在起開始培養。這是一種歸納的能力。據我所知道的，《紅樓夢》主要的情節是三個人的戀愛，這三個人年紀都很小，大概十四、五歲，或者十五、六歲。論起來，這個年齡不是談戀愛的年齡，他們太小，太幼稚，太不懂得人生；他們的愛是錯的，是不成熟的，是可能發生危險的。」

「在這三個人裡面，至少有一個人，他的責任很大，家庭對他的期望很高，可是他討厭別人對他的期望，他每天沉醉在愛情裡，等到愛情失敗了，他就逃出了家庭去當和尚。」

「這樣一個愛情故事，那位偉大的小說家把它寫得非常動人；那些戀愛的場面，叫人興奮，叫人沉醉，叫人覺得神聖不可侵犯，好像做別的事情都是錯的，除了戀愛以外。爲了這個緣故，才有人說《紅樓夢》是一本壞書，才有牧師禁止教徒看，才有老師禁止學生看。」

停了一會，楊老師說：「我們開始討論『我們不應該看壞書』，希望你們都能發表意見，你們想想看，假使你們看了一本壞書，結果會怎樣？」

學生說：「我們都要學壞了。」

「你們怎麼會學壞的呢？」

「我們受了那本書的影響。」

「對了，一本書多多少少要對讀者發生影響。社會上有些壞事，你們本來不知道，一看壞書，通通知道了。有一些想法叫你害羞，叫你害怕，你本來朦朦朧朧地不去想它，看了壞書以後你通通想起來了，而且會常常的想它。至少在你們這個年齡，心靈應該受到保護；在你們還沒有養成一種判斷力的時候，有很多事情還不能讓你們知道。這番意思，如果站在你們的立場上說，裡面的『你』字換成『我』字，就可以解釋爲什麼我們不應該看壞書。你們想想看，應該看壞書嗎？」

「不應該！」

「應該看《紅樓夢》嗎？」

「不應該！」

「爲什麼不應該看《紅樓夢》？」

「因爲《紅樓夢》是壞書。」

「對了，這樣寫下來，就是一篇有血有肉的文章了。血肉從哪兒來？記住我剛才說過的那句話：把你的理由解釋清楚，把你所舉的證據敘述明白。你說《紅樓夢》是壞書，寫出來！它的壞處在哪裡。」

說到這裡，楊老師覺得他說得很片面，不周延。他很想加上這麼一段：

前面說過，凡是議論判斷，大都有人贊成有人反對。《紅樓夢》是一本壞書，這句話是可以反駁的。《紅樓夢》的文學價值很高，牧師說它是「草」，文學教授說它是「寶」，也許它對你們十三歲、十四歲的人有害處，對三十歲四十歲的人有益處。就青少年的生活教育來說，它也許要不得，就藝術欣賞來說，它不可多得！

那也沒有關係。請你們注意，我們今天教的是怎樣寫論說文，我們強調的是方法，方法不是酸性的，不是鹼性的，方法是中性的。現在，你可以用這個方法寫「紅樓夢是一本壞書」，以後，你進了大學，意見改變了，可以用這個方法寫「紅樓夢是一本好書」。意見也許是一時的，方法是長久的。

這段話，楊先生沒有說。該說不該說，他拿不定主意。教育當局並不主張把面面俱到的看法交給國中學生，據說，那樣可能使孩子們迷失方向。

他一面猶豫，一面滔滔不絕講課：

「你說早起的人可以呼吸新鮮空氣，寫出來！新鮮空氣到了人的身體裡面，對人的生理有什麼影響。你說不守秩序的人太多，車站上一片混亂，那麼，把混亂的情形指給我們看。你說學生如果不用功讀書，會惹父母傷心，那麼，把他們傷心的樣子說給我們聽。你說借了人家的東西一定要歸還，如果你不願意還，別人不願再做你的朋友，將來沒有人願意再借東西給你，你會養成不好的習慣，沒有責任心。你說，在公共場所講話，聲音不要太高，高談闊論一定惹別人討厭，一定顯得你自己幼稚，有時候也會洩露你和你朋友的秘密。諸如此類，都是論說文的肌肉。看了上面的例子，就可以發現論文的肌肉有時候是說明，有時候是記敘，當然，它也可以是一種議論。」

「生長肌肉的方法，是『說來話長』。有一對夫婦打架，第三者連忙去解勸，事後，我問那個前往解勸的人，打架的原因是甚麼？他說，他認爲是丈夫的錯。丈夫的錯在哪裡呢？『說來話長』，他掏出一支煙來點上，慢慢的講出來：丈夫喜歡跳舞啦，經常不回家吃飯啦，領了薪水不交給太太啦……等等。『這一對夫婦打架，錯在丈夫』，這是一個判斷的句子，一個是非法的句子，也可以說是骨頭。『說來話長』，下面他說出丈夫的種種罪狀，那裡面就不全是判斷的句子了。那段話裡有說明，有記敘，或者還有描寫，那是肌肉。」

「『校長起床早，所以身體好』，這是『骨頭』，校長究竟幾點鐘起床呢？他起床的時候，路燈熄滅了沒有呢？他總是到山上去打太極拳，到山上去又有甚麼好處呢？他有沒有同伴呢？他的同伴是不是和他一樣有恆呢？這些都說來話長，都是肌肉。」

說到這裡，下課鈴響了。楊老師問：我們應該不應該下課？學生一齊說應該下課。楊老師問：那麼它的肌肉呢？有的學生說不下課老師不能休息，有的學生說不下課學生不能上廁所，有的學生說不下課別的老師沒辦法上課。這裡議論未定，那裡楊老師已經拿起粉筆盒揚長而去了。

二

這一所中學的對面，有一所國民學校。兩所學校的關係一向很密切。中學裡面的學生，有很多是由小學裡升來的，小學裡面有很多學生，也在希望將來能升入對面的中學。中學生和小學生之間，有些人是兄弟姊妹，有些人是親戚朋友，大家常常在一塊玩。這個學校有什麼事故發生，傳到那個學校裡，就是轟動一時的新聞。

國民學校裡有兩個學生，一個叫程會，一個叫胡玉枝。有一天放學的時候，兩個人一同離校回家。他們並排在馬路上走。他們差不多是同時，看見路上有一張鈔票，差不多是同時，他們彎腰去拾。

程會先把鈔票拾在手裡，那是一張一百元的鈔票，紙張已經很髒很舊了，不過仍然是完整的。胡玉枝說：「趕快把這張鈔票送到警察局裡去吧，警察會把那個丟錢的人找出來。」程會不理這一套，把錢塞進自己的口袋裡，拔腳就跑。胡玉枝緊緊跟在後面追趕，一面追趕一面喊叫：「錢不是你的！」這樣一直追到程會的家裡。

程會的母親正在打牌。程會到了牌桌旁邊，往母親身旁找地方躲藏，胡玉枝緊追不捨，兩個人圍著牌桌團團轉。

程太太一面打牌，一面問道：「玉枝，妳這孩子要做什麼啊？」胡玉枝說：「我們在路上拾到一百塊錢，程會不肯送到警察局裡去。」程太太說：「小傻子，送到警察局裡去幹什麼？你們每人五十塊分了吧！」說著，頭也不抬，從牌桌上拿起五十塊錢來，塞進胡玉枝的書包裡，手一揮說：「去罷，去買糖吃。」下女從那邊跑過來，連哄帶推，把胡玉枝推出門去。

胡玉枝把這五十塊錢送進警察局。她對值日的警員說，本來拾到了一百塊錢，她分到一半，所以只能送來五十塊。有一個新聞記者，正在警察局裡找消息，他覺得這件小事很有意思，就寫了一段新聞，送到報館裡面去。報館的編輯，也覺得這件小事很有意思，拿來登在很惹人注意的地方。

第二天，這兩個孩子，立刻變成大家談論的人物。廣播電臺的記者，覺得這件新聞值得擴大採訪，就拿十五分鐘的時間播送了一個特別節目。

廣播記者先訪問胡玉枝，讓聽眾從她口裡聽到拾錢分錢的經過，聽到她把五十塊錢送到警察局。然後，廣播記者問道：「妳爲什麼要這樣做呢？是誰告訴妳拾到了錢應該交給警察？」胡玉枝說：「是我們的導師劉老師。」廣播記者對他的聽眾說：「這位劉老師眞了不起，她的教育完全成功，她一定是一位非常優良、非常盡責任的教師，她用熱情、愛心、和忍耐來教導她的學生，才會有這樣的成績。每一位聽眾一定都很願意聽這位劉老師談談。我已經請到了她，她就在我的旁邊。」說到這裡，廣播記者換了口氣，問身旁的來賓說：「劉老師，妳是用什麼方法，把妳的學生教導得這樣好？」一個溫柔的女聲回答：「記者先生，你太過獎了，讓我把事實眞相告訴你。胡玉枝這孩子，在我沒有教她以前就是一個好孩子，她的好品行是家庭教育造成的，她的父母爲人正直善良，給孩子做了榜樣。」記者說：「劉小姐，培養孩子的好品行，妳認爲家庭教育的力量比學校教育的力量要大，是不是？」對方回答說：「是的，我相信杜威的話：教育即生活。」

中學裡面的人，熱烈的談論著在小學裡發生的這件事，學生們問楊老師有什麼意見。楊老師說：「我不表示意見，我要你們先表示意見。你們認爲胡玉枝做得對嗎？」學生們都認爲做得對。「你們認爲爲了使孩子的品行好，父母要不要先做榜樣？」回答是：父母最好能做榜樣。好了，楊老師說：「吳強，你把大家的意見寫出一個骨架來。」

吳強提起筆來一揮而就，上面寫的是：

拾金不昧是一件好事。胡玉枝拾金不昧，做了一件好事。

父母的行爲對子女有重大影響。父母有不正當的行爲，子女容易學到不正當的行爲。

楊老師把這卷子交給龔玫說：「妳讓它生出肌肉」。龔玫俯案寫道：

假使你走在路上，看見地上有一捲鈔票，它明明是別人遺失的東西，你打算怎麼辦？掉頭不顧而去嗎？把它拿回自己家中花掉嗎？想辦法使丟錢的人能夠找到嗎？這裡面只有一個答案是對的，那就是：拾金不昧。你設法保存這筆錢，並且讓丟錢的人有辦法把錢找回去。這樣，人家快樂，你也快樂。這當然是一件好事。

對面國民學校裡面，有一個學生，名叫胡玉枝，放學的時候，她和另一個學生一同拾到一百塊錢。胡玉枝主張把錢交給警察，讓警察去處理；可是另一個學生堅決反對，天連那個學生的家長也反對他們那樣做。由於意見不合，他們把錢分開，每人五十塊。天眞的胡小妹妹，就把自己分到的五十塊錢交給警察，她聽她的導師說過：「警察可能找到那些丟錢的人。」

這是拾金不昧，拾金不昧是好事，胡玉枝做了一件好事。報紙和廣播電臺把她大大的表揚一番。

胡玉枝她能夠做出這件事來，另外的那個學生爲什麼不能呢？從新聞報導裡面，我們可以知道，胡玉枝的父母都是善良正直的人，他們的行爲先做了孩子的榜樣；而另外那個學生，他的母親自己天天在那兒打牌，反而提出一種主張，要孩子們平分拾來的錢去買糖吃，她對孩子的教育也就可想而知了。父母的行爲對於子女有重大的影響，父母的行爲好，孩子容易學好，父母的行爲壞，孩子容易學壞，因爲小孩子在不懂事的時候，自然而然的會模仿大人，大人的想法和做法，很容易向孩子們的頭腦滲透。這樣看來，家庭教育是多麼重要啊！

楊老師又把這篇文章交給呂竹年，叫他想一個小故事用在這篇文章裡面。恰巧這天早晨，呂竹年看報看到一段補白的小文章，可以用得上。那個小故事是：

幼稚園裡面的老師們跟學生家長一塊兒開會，大家商量解決管教孩子的一些難題。有個孩子，名叫約翰，他常常在放學的時候要把幼稚園裡面的鉛筆帶回家去，他的老師用盡各種辦法，不能糾正他的行爲。在會議上，大家請約翰的父親發表意見。這位家長站起來說：「眞奇怪，我也不知道是怎麼一回事。我的辦公室裡有很多鉛筆，我在下班的時候常常帶些鉛筆回家，家裡並不缺少鉛筆，小約翰爲什麼還要拿鉛筆回家呢？」

楊老師說：「這個故事不錯，你們把它編進論文裡去吧。你們看一看，放在什麼地方最合適？」

詩云

楊老師在學生的周記上發現了一個「是非句」：

「論說文裡的句子，不全是用是非法寫成的。」

不錯，論說文裡面，有敘述的成分，敘述一件事情的經過，敘述一個人的行爲，敘述這個那個，都是免不了的。敘述的時候，不用是非法。「一個生肺病的人，在路上偶然吐了口痰」，就沒有說他「不應該隨地吐痰」。說故事、說比喻，也不大用是非法。

在論說文裡面，不用是非法寫成的句子，究竟共有多少類呢？這個問題引起楊先生的興趣。經過一番尋找，他的發現是，除了故事、比喻外，還有：

詩句

描寫

反問的語氣

感歎的語氣

恰巧有刊物來約稿，楊先生就先寫了一篇「詩與論說文」寄去。這篇文章，後來做了學生的講義。

論說文是說明事理、提出主張的文章，它的口吻是分析的、判斷的、肯定的。它的功用，在喚起讀者理智的活動，使讀者明事理，辨是非，對作者的主張「同意」。在這方面論說文和詩相反。詩，要喚起讀者情感的活動，使他發生「同情」。讀長恨歌，我們很同情玄宗和貴妃，可是我們絕不同意他們的觀念和行爲，倘若寫史論，勢必要批評他們。這是論文和詩的一大區別。一般說來，論文是很少「詩意」的東西。

但是，基於種種原因，說理的人常常引詩。先從國文教科書裡隨手摘幾個例子：

從前有句詩說：「輕羅小扇撲流螢」，描寫小兒女們的閒情逸致，十分活現。（陳醉雲：蟬與螢。國中國文第一冊。）

「一行白鷺上青天」，背後還襯著黛青的山色和釉綠的梯田。（梁實秋：鳥。國中國文第三冊。）

陸放翁有一聯詩句：「傳呼快馬迎新月，卻上輕輿趁晚涼。」這是做地方官的風流。（徐志摩：我所知道的康橋。國中國文第四冊。）

晉代陶淵明曾有詩勸人及時讀書云：盛年不重來，一日難再晨，及時當勉勵，歲月不待人。（劉眞：論讀書。國中國文第四冊。）

這一類的例子很多。敘事說理者爲甚麼對詩這樣有興趣？詩文怎樣幫助了說理者？我們試作一番觀察。首先，詩的本身有時候也在說理。「問渠那得清如許？爲有源頭活水來」，這是說，士人要時時讀書近道，修身養性，以保持人格的光明。「歷覽前賢家與國，成由勤儉敗由奢」，這是談政治原理。漢帝選妃，派畫工毛延壽先給美女畫像，皇帝憑像選擇，沒能從畫像中發現王嬙的美麗，認爲毛延壽有欺君之罪。後來王安石以爲不然，他說：「意態由來畫不成。」這都是用詩說理。

本來，用詩說理，難成好詩，可是，說來奇怪，一般人對詩，有一種特別的尊重，至少在咱們中國有這種情形。一句「有詩爲證」，就可以加強小說的眞實感。格言教訓，用詩的形式說出來，最容易接受流傳。勸人愛惜光陰的話不知有多少，效用最大的是「一寸光陰一寸金，寸金難買寸光陰」。在這情勢下，說理者引詩，等於舉出有力的證詞。「請看，不單是我，詩人也這樣說！」

在論說文中舉出有力的證詞，叫做「引用權威」。所謂權威，是說那人在某一方面知道的最多，最正確，他的權威地位是知識的，不是政治的。要知道一個學校五年來有多少學生留級，你得去問教務處管成績的那位先生，他是這個問題的權威，教育廳長來了也得問他。詩人不一定是你所需要的權威。李商隱不是史學的權威，王安石也不是美學的權威，如果訴之於理性，作證的效力並不太大。以理服人，原不是「詩」的特長。詩的長處是使人感動，使人沉醉，使人的心靈融化。到了說理者手裡，詩的這種性能可以用來化除對方心理上的抵抗，詩可以把對方的壁壘加以破壞，使所說之理有隙可乘，詩本來與論文相反，這時卻能相成。下面選幾個例子來談談：

人生自古誰無死，留取丹心照汗青。

文天祥的這兩句詩，含有激昂奮發的熱情，臨難不苟的勇氣。人到了值得犧牲的時候，就應該犧牲，所謂值得犧牲，意思是說，活下去成了苟活，成了肉身的延續，人格的死亡；如果犧牲，就能從尷尬的局面中拔昇，突然造成一座精神上的金字塔，而這座建築物是活下去所永遠不能造成的。活下去是減法，而死是乘法。人如果面臨這種考驗，最好知道怎樣選擇：說理說到這裡，下面出現了文天祥的兩句詩，詩的熱情，和宋代這位民族英雄的榜樣，立刻展示在讀者眼前。他和他的詩感動了你，你覺得，倘若沒有一個文天祥，南宋的歷史多麼寂寞，你不能不投他一票，因此，你對於那篇論說文中

「犧牲」的主張，也不能不點頭稱是。

誰知盤中飧，粒粒皆辛苦。

李紳的詩，把農人的血汗指給我們看。寫論說文主張節儉，可以引用這樣的詩句來加強自己的主張。節儉的反面是浪費，就利害方面說，浪費容易變窮，就人情方面說，浪費布帛對不起織布的女工，浪費糧食對不起種田的農夫。說完了利害談人情，把這首詩引出來，很可能，詩使讀者的心腸忽然軟了下來，陷入幻想和沉思。他可能由滿院的陽光，想到那發燙的原野，他可能自己由拔草澆花，想到農夫經年的勞動。如果可能，他想招待那農夫喝幾杯冷開水；如果可能，世界上的人永遠不必吃飯而仍能生存，好免除千萬農夫的終身苦役。目前他唯一能做到的，是愛惜糧食，不拋撒踐踏，不拿好糧食餵豬餵雞。他可以贊同你那篇主張節用的論說文。

也應有淚流知己，只覺無顏對俗人。

從前，有個讀書人去考進士，沒有考取，回來寫「下第詩」，其中有兩句是「也應有淚流知己，只覺無顏對俗人」。俗人多半勢利，對金榜題名的人逢迎奉承，對下第歸來的舉子冷淡藐視，如今自己既然名落孫山，見了那些俗人實在覺得難過，惟有二三知己，他們知道文章憎命，他們知道「中天下」的文章未必能「中試官」，他們知道考試除了比學問還有比運氣，他們不但懂得原諒，而且懂得體諒。落第的人在家中躲避俗人，卻非常希望看到知己，好把受了挫折以後的淚水，對著知己靜靜的流下來，人之相知，貴相知心，用不著訴說解釋。

現在的升學考試，也是一種激烈的競爭，誰考上理想的學校，誰的心裡輕鬆得意，誰若不幸落榜，誰的心裡就萬分沮喪。落榜的人，往往業已盡了最大的努力去參加競爭，他在這場競爭中敗退下來以後，特別需要知己的了解與體諒。如果要寫一篇文章，提醒那些做父兄的人，對於那些落榜的子弟，務必原諒他們的失敗，尊重他們的感情，可以引這兩句詩，讓這詩幫助別人了解一個落榜生的心理。如果要寫一篇文章，勸說那些落榜的考生，請他們不要計較一般世俗的反應，希望他們的心潮能早些平靜下來，也可以引這兩句詩，讓這詩去宣導他們的情感，幫他們估定自己的價值。

商女不知亡國恨，隔江猶唱後庭花。

唐朝的詩人，夜晚在秦淮河邊聽見歌女唱「後庭花」，寫出這感傷的詩篇。後庭花是陳後主作的曲子，據說是一種頹廢淫靡的音樂，這樣的音樂使陳國人心頹廢，風氣淫靡，最後，陳被隋所滅亡。秦淮河的歌女，對這種「亡國之音」沒有一點警覺，對前朝後代的興廢沒有一點悲情，還在唱後庭花供人享樂。竟然有那麼多的聽眾在追逐享樂！這兩句詩很能夠聳動聽聞，後來寫論說文的人，在批評社會風氣的時候，常引這兩句詩來加重文字的份量。這樣的詩句，能使讀者發生羞恥的感覺，爲那沒有政治智慧的陳後主感到羞恥，爲那沒有靈魂的秦淮歌女感到羞恥，這份情感，很自然的傳到那說理者所批評的對象上，也爲他們感到羞恥，這時，讀者對說理者立論的要旨，不難同意。

人在下判斷以前，先要作一番考慮，考慮時，一面「衡情」，一面「度理」。論說文引詩，主要的是爲了衡情。除了借重詩「情」以外，說理者又常常拿詩句來做象徵、比喻。有人談論今天的男女社交，指出漂亮的女子常常掛在美國人的臂彎裡，引詩一句：「天下名山僧占多」。這就是拿僧和名山的關係，比喻美國人和美女的關係。有人說，殉道者的血，使眞理發揚光大，引詩兩句：「落紅不是無情物，化作春泥更護花。」這就是拿花和花株的關係，比喻殉道者和道的關係。詩，可以使別人對他所要證明的事理，有個具體的鮮明的形象，而製造鮮明具體的形象，在詩人輕而易舉。詩與論文，在這裡又有了攜手合作的機會。

且看下面的例子：

——

不論做甚麼事，都該先有個計畫。人生是一件大事，更非先有計畫不可。有些事情，因素比較簡單，做那事的人能夠控制所有的因素，事情就不難完全照預定的計畫完成，如果因素複雜，人只能控制一小部份因素，計畫就得有彈性，並且要準備隨時修改。我們蓋房子，只要能夠把工資、材料、地皮、建築法令這些條件安排妥當，房子可以按部就班的蓋起來。人生可不同，它太複雜，它的未知數又太多，你對它不得不計畫，但是又絕對沒有辦法貫徹自己的計畫。

計畫實行起來受到挫折的時候，人會覺得悲哀。在實際的人生裡面，前途一波三折，命運不可捉摸，主觀的願望常常被客觀的現實打碎，所以，人生的滋味，是一陣陣或濃或淡的哀愁。在哀愁的籠罩下，人有多種不同的反應，有些人在人生的路上失去自信，徘徊退縮。有些人隨時調整適應，繼續勇猛的前進。

我們所探尋的未知數，它可能比我們所預期的要小，也可能比我們所預料的要大。很多不能控制的因素撞進了所謂人生計畫，破壞了所謂人生計畫，結果可能使實際的人生比預先構想的人生還要好。還有，人生計畫既然只是一項假設，計畫裡面所設想的困難，到時候也許並不存在。「山窮水盡疑無路，柳暗花明又一村。」這就是人生。所以，人生應該繼續勇猛前進。

二

世界上有些事物是平庸的，有些事物是奇妙的，而婚姻這件事，既平庸，又奇妙，它具備了兩種相反的性質，真有些不可思議。

人對不可思議的事物，容易產生迷信傳說。婚姻的現象，形形色色，有的結合很容易，有的結合很艱難，有的該成功而沒有成功，有的不可能成功卻偏成功了。有人一生結過好幾次婚，有人一生沒有結婚。……這是甚麼緣故？答案是一個「緣」。有緣沒有緣，一點也不能勉強。所謂「緣」，是個含有宗教色彩的名詞，只有這個名詞，能對矛盾複雜的婚姻現象作一個統一的解釋。

一個男人，成年以後就希望有個妻子，可是，他並不知道他的妻子是誰。他在社交場所迎粉送黛，參加許多舞會和結婚典禮，「桃花盡日逐流水」好像結婚的希望非常渺茫。但是，他忽然發出了紅色喜帖。這就是「緣」，「緣」是在人不注意它的時候工作的。

「緣」！往平庸的地方想，它平庸，往奇妙的地方想，它奇妙。綜合起來想，它真的有些不可思議。

三

電影是由鏡頭的「運動」組成的。凡「運動」都有快有慢，電影鏡頭運動的快慢，叫做節奏。一般人看電影，看不出節奏來，在一個受過訓練的觀眾眼裡，節奏清清楚楚的存在。

節奏的形容詞，是「快」「慢」。快節奏如跑百米，慢節奏如踱方步。但是慢節奏不能太慢，「朝見黃牛，暮見黃牛，三朝三暮，黃牛如故」，慢到這種程度，就成沉悶。快節奏也不能太快，「輕舟已過萬重山」，快到這般程度就成倉促。沉悶了觀眾不耐，倉促了觀眾不懂，都有失中道。

電影這種藝術，是用鏡頭的運動來激發觀眾的幻想和熱情。鏡頭太快，觀眾來不及反應，太慢，觀眾對第一個刺激業已產生反應而第二個刺激遲遲不來，感到失望。所以，夠水準的導演總是把鏡頭的速度控制得很恰當。

四

年輕人總是純潔的。幼稚園裡的孩子們活像天使。小學生義賣紅十字胸章，的確付出很大熱誠。童子軍日行一善的時候，完全認爲是一項光榮。等到離開學校，進入社會，觀念開始變化，當年拾金不昧的學生，後來有變成貪官污吏的。

這是甚麼緣故？

這個緣故，可以借杜甫的兩句詩來說明：「在山泉水清，出山泉水濁。」你看，山上的泉從石壁的縫隙裡噴射出來，全是清水，清水流過山麓，流過田野，一路挾泥帶沙，後來就渾濁了。年輕人是在山泉水，沒有受環境習染，容易保持本性的潔白，成年以後，在社會上打滾，就成了挾泥帶沙的出山泉水了。這種現象，也可以說非常自然。

既然出山泉水一定要變濁，既然純潔的年輕人將來一定變得不純潔，社會還有甚麼改革的希望呢？這個問題太大，在這裡不能答覆。

除了上面所假設的例子以外，論說文引詩，還有一個很大的可能性。論說文在提主張，下判斷以前，難免要選擇一些事實加以敘述，幫助得到後面的結論。這種敘述，照例不能太長，太長使文章臃腫。說理者固然可以從所要敘述的事實裡提煉出一種極簡單的說明來，可是有時候，他寧願借用詩人的語言。

「舍弟江南死，家兄塞北亡」，用十個字敘出了骨肉慘變。這十個字有弦外之音：這兩句詩，本是一個拙劣的詩人，爲求字面對仗勉強湊成，事實上他並沒有這樣不幸。於是，這兩句詩在談論「乞丐」的時候，間接指出乞丐所陳訴的種種悲苦，往往不是事實。「暮從碧山下，山月隨人歸」，「雲淡風輕近午天，依花傍柳過前川」，用這樣的詩句來說明「淡樸的快樂」既方便，又眞實。這詩除了爲「淡樸的快樂」描出畫面，還藉詩的來歷，無言的透露了「淡樸的快樂」的背後是甚麼樣的人生哲學、文化背景。倘若不引詩，勢必要多花幾百幾千字才可以說清楚。這幾千字可以費，也可以省，引詩，即是省的一個方法。

詩的簡鍊，在人物評論方面特別容易看出來。唐太宗「雪恥酬百王，除凶報千古」，是一位有爲的英主。允文允武的諸葛亮，「伯仲之間見伊呂，指揮若定失蕭曹」。「朝爲越溪女，暮作吳宮妃」，西施的遭際，富有戲劇性。「冠蓋滿京華，斯人獨憔悴」李白爲人就是這樣不同流俗。「遂令天下父母心，不重生男重生女」，楊貴妃的驕傲，可想而知。「紅顏棄軒冕，白首臥松雲」，孟浩然的這種境界，可以算得上高蹈。劉備一生，「得相能開國，生兒不象賢」。虢國夫人爲人，「卻嫌脂粉污顏色，淡掃蛾眉朝至尊。」……這都是把一個人的生命中最精采的部份，作最精采的說明，用最少的字數，這是寫論文的人要完成的事，可是詩人已先完成了。

最後，我們會想起詩的裝飾性。客廳裡，牆壁上，掛幾幅「遠聞佳士輒心許，老見異書猶眼明」，「蝸文縱橫摹秦篆，鳥語綿蠻學楚辭」，是一種裝飾。房間需要裝飾，文章有時也需要。論文是裝飾性最少的文章，有些人寫論文，甚至完全不加裝飾。完全不加裝飾，仍然能寫出極好的論文，不過，在這個大眾傳播的時代，許多說理者開始在文字形式上希望做到平易近人，華美引人，引詩裝飾，在所不免。下面一段文字，如果把裡面所引的詩刪去，對內容沒有影響，不過，有了那兩句詩，讀來更可口些：

「偶然」不一定能帶給你婚姻。有時候，「偶然」是一個開頭，它能發展出婚姻來。可是，並不是每一次「偶然」，都有往下發展的可能。有一個年輕人，他在火車上恰巧與一個少女同座，兩個人談得很投機，不久，女郎在某一站下了車，那年輕的男子，立刻陷入緋色的空想裡。回家以後，他幾乎像個失戀的人一樣廢寢忘餐，他熱心盼望能有方法找回她。其實，這完全不必，因爲這個男主角所遇到的是一次偶然的事件，偶然相會，偶然分手，偶然如此。「我是天空一片雲，偶然投影在你的波心，你無需訝異，也無需歡欣，轉眼間，這一切便失去了蹤影。」把偶然當做「天作之合」，那是自尋煩惱。

文章寫到這裡，再贅上一條尾巴：在論說文裡引詩，不論出於哪一種動機，都只能引很少的詩句。論文到底是論文，它的統一的格調，不能被詩破壞。「中秋到了，一年明月今宵多。前線將士，到了今天，恐怕要一夜征人盡望鄉。後方民眾，應該及時發起勞軍運動，以鼓舞前方士氣，前方是後方的屏障，但使龍城飛將在，不教胡馬度陰山……」倘若論說文用這種方式寫，恐怕也不妥當。

繪影繪聲

某天上午，快要上課的時候，楊老師在辦公室裡低頭整理講義，忽聽得耳旁一聲「報告」，抬起頭來，只見金善葆和呂竹年兩人站在眼前。楊老師心裡想，這兩個學生是送全班的論說文作業來的。

「老師，後天是星期天，我們全班同學到野柳去玩，請老師也去參加。」呂竹年用他那一口漂亮的國語說。哦！原來是這麼一回事。教國文的人，腦子裡只有國文，可是學生腦子裡的東西多著呢！還有數學呢！還有英語呢！而且，還有少年人的那種輕飄飄的快樂呢！天氣已經暖起來了，金善葆的蘋果頰更紅了，從樓上往下看，樹頂的葉子已經一片新綠了！人的心向外飛，練習寫論說文確乎是一件枯燥的事了。

「野柳好玩嗎？」楊老師問。

「我爸爸說很好玩。」呂竹年答。

我爸爸說很好玩！這句話很天眞。楊老師立刻想到，這句話以後在課堂上很有用處。說不定野柳之行也有用處。他決定和這些少年人一道去消磨一天。

星期天，天氣晴和。負責籌備這次出遊的金善葆、呂竹年，收齊旅費，租了車子，訂下野餐，一同出發。他們事先聽氣象預報說，星期天有一個晴朗的好天氣，這天果然陽光滿地，微風拂面，加上公路的高級路面又直又平，大家都很高興。

野柳這地方，本是一塊無人注意的海岸，千萬年來潮來潮去，把那兒的巖石琢磨成種種形狀，非常好看。有幾位攝影家發現了這地方，拍了很多照片，帶到都市裡去舉行展覽，稱野柳是「被遺忘的樂園」。那次攝影展引起廣泛的注意，輾轉影響的結果，人人想到野柳看看，野柳成了今年春遊的一個「熱門」。那些石頭，在一個有審美修養的中年人眼中，可說百看不厭，愈看愈有味；可是，少年人便不同了，這些學生下了車，對那些形狀特別突出的怪石看了一眼以後，就不再注意它們了！他們戲弄海水去了！他們照相去了！他們唧唧喳喳說個不停去了！除了這些以外，還有雲呢！還有野餐呢！這些鳥兒，只要能暫時離開那叫做教室的籠子，到外面鼓動翅膀，就已經可以得到許多快樂了！

中午，導師吹哨子集合，分發野餐，每人一盒。領到飯盒的人，三五成組，自由分佈，找塊乾淨地方坐下，一面吃，一面談。楊老師接過飯盒以後，左顧右盼，不知坐在哪一塊石頭上好，正在躊躇未決，那邊呂竹年喊道：「老師！到我們這裡坐！」另外幾個聲音附和著。楊老師本想走過去參加，可是一眼瞥見吳強一個人孤零零的倚著一塊石頭嚼飯。他改了主意，到吳強身邊去。

「吳強，喜歡這兒的風景嗎？」一面吃一面談。

吳強說喜歡。

「你可曾想過，描寫風景和寫論說文也有關係？」

吳強沒有想到過。

「明天，你到我屋裡來，幫我做一件事情。我想寫一篇文章，談談論說和描寫二者的關連，我口授，你幫我筆記。」

就這樣說定了。

楊老師的意思，是要藉這個機會，把「論說和描寫」的關鍵深深印在吳強的腦子裡。在他看來，吳強是最能吸收這意見的一個學生。

吳強的紀錄很快：

野柳是新發現的風景勝地，去過的人都表示滿意。如果我們寫一篇短論，主張把野柳建設成觀光區，大概可以先安排這麼一副骨架：

風景好的地方宜建設成觀光區。
野柳的風景好，
野柳宜建為觀光區。

中間一段是重要的支柱，提出這一主張的人，必須能證明野柳的風景的確好。如果這篇文章登在畫刊上，應該配上許多幅風景照片。如果這意見是向討論觀光事業的會議當場提出，應該預備幻燈片到會場中放映。如果這一類的方便完全沒有，那只有用文字來描寫一下野柳的風景。「描寫」和「論說文」，在這裡發生連帶關係。

描寫，在美術性的文字裡面是重要手段。詩，小說，純文藝的散文，都離不開描寫。所謂描寫，它是一種放大術，窮人的一間房子可以寫上幾千字，嬰兒的一張臉也可以寫上幾千字。

文章的篇幅有限制，不能全部放大，描寫時只能局部放大，也就是選擇特點來放大。描寫時作家下筆偏重主觀的印象，他說刑侯之姨手如柔荑，就是手如柔荑，他說林黛玉的臉皮吹得腫彈得破，就吹得腫彈得破。描寫既是主觀用事，所以它不希望讀者「相信」，而希望讀者「感覺」到。你只要感到白髮好像有三千丈，感覺「滄海月明珠有淚，藍田日暖玉生煙」，描寫就算成功。

描寫與「論說」的旨趣大不相同。論說常用概括的說法，它說一位女子貌僅中姿，未必用工筆繪仕女圖。它提出的是概念，概念的用處是使讀者憑著去思考。如果它在某一點上需要詳細說明，它常用富有理智的語言，它可以量出頭骨幾寸幾分，脛骨又有幾寸幾分。它這樣敘述時，目的不在引讀者的幻覺，讀者所要採取的態度是：眞、假、是、非、贊成或反對。

這種單純的「論說」，有一個弱點，就是「隔」。你說野柳應該建設成觀光區，很對，你說大家應該捐款救災，也對，可是中間總像隔著甚麼，不夠眞切。那種單純的論說，總不免在比較高的抽象層次上兜圈子，用「抽象」來打動人心，比較困難。報紙鼓吹救災或提倡建設觀光區，固然要用社論，但是，如果用照片和特寫文字加以配合，更能發揮效力。社論是抽象的，圖片和特寫是具體的。報紙的做法可以說是把論說和描寫分開，由讀者自己用腦子合而爲一。

廣播就沒有這種方便，只好在論說時同時夾用描述。一位廣播節目主持人，發現醫院裡有一個窮苦的病人，需要社會救助，她在節目裡提出呼籲。她說，她在醫院裡看到病人的母親，一位五十多歲的老太太，裹著小腳。這位老太太穿的衣服，是從前大陸上的婦女穿的那種樣式，「我們的母親，我們的祖母，都穿那樣的衣服。」這位老太太，要常常走四十里路來看她的兒子，爲了省車錢。這四十里路是走來走去的，「用她的一雙小腳！」這段話，用的是「人物描寫」的方法，夾在「論說」式的談話中，很有力量，聽眾受到感動，捐出很多錢來幫助那位老太太。

我們相信，描寫是在這樣的形勢下進入論說文的：說理者需要一張「圖畫」來支持他的理由。用文字使人看見圖畫，描寫是我們所知道的唯一有效的辦法。主張在野柳建設觀光區，可以用繁榮地方經濟做理由，也可以用風景優美做理由，「繁榮地方經濟」的理由，用不著圖畫來支持，「風景優美」就用得著。

風景這樣東西，你不能說有一萬平方公尺平地，上面大大小小分佈了五百塊石頭，右邊山高三百公尺。你得說，這裡有一望無垠的海灘，退潮以後，每一粒砂子都乾乾淨淨，像上帝剛剛把它造出來一樣乾淨，海水的清潔，空氣的新鮮，也就可想而知。有許多水成岩被海水砌成種種奇怪的形狀，像人頭、像搖籃、像乳房。這些怪石不但可以給人美感，還可以給人啓悟，因爲它們知道滄桑變遷的秘密。人們在閒暇的時候到野柳來，他們的肉體和靈魂，都可以得到益處——這已經是在描寫。

下面我們就有描寫的論說文、和沒有描寫的論說文，作一比較：

孤兒院需要捐助

甲式：

沒有能力獨立生活的人，需要有人撫養他。幼童沒有生活能力，他們需要受人撫養。

沒有獨立生活能力的人，通常由他的親人來照顧。如果他沒有親人，就由社會慈善事業來負責，而社會慈善事業又靠社會人士共同支持。通常，撫養孩子的人是父母，孩子如果沒有父母，成了孤兒，又沒有適當的親人可以依靠，就由孤兒院收留。孤兒院是一種由社會力量來支持的慈善事業。

本市的幼幼育嬰院，是一所收容孤兒的慈善機構，從創辦到現在有十年歷史。十年來，該院樹立下良好的信譽，一個孩子在失去父母以後，如果能夠託身該院，旁觀者都認爲是不幸中之大幸，那孩子在這所育嬰院裡，會得到細心的照顧和完善的教育。不過，該院經費人員都很少，非常需要社會人士捐款支持，我們希望天下賢明的父母們，能在自己孩子的幸福以外，也關心到怎樣減少另外一批孩子的痛苦。我們誠懇的呼籲，大家盡自己的力量，捐一點錢出來給幼幼育嬰院，爲孤兒造福。這就是「幼吾幼，以及人之幼。」

乙式：

沒有獨立生活能力的人，需要有人撫養他。幼童沒有生活能力，他們需要受人撫養。

沒有獨立生活能力的人，通常由他的親人照顧，如果他沒有親人，就由社會慈善事業來負責，社會慈善事業又靠社會人士共同支持。通常，撫養孩子的人是父母，孩子如果沒有父母，沒有親人，就由孤兒院收容。孤兒院是一種由社會力量來支持的慈善事業。

本市的幼幼育嬰院，是一所收容孤兒的慈善機構，從創辦到現在，有十年的歷史，十年來，該院樹立下良好的信譽。一個孩子在失去父母以後，如果能夠託身該院，旁觀者都認爲是不幸中之大幸，那孩子在這所育嬰院裡，會得到細心的照顧和完善的教育，不過，該院的經費很少，非常需要社會的捐款支持。

幼幼育嬰院的規模很小，當初只計畫收養四十個孩子，可是現在，一百一十多個孩子住在這裡面，院方聲明停止收容，仍有許多孩子等在門外，說不定哪天早晨，育嬰院的職員打開院門，低頭一看，腳前就放著一個孩子。

這些孩子，睡上下三層特製的搖籃，寢室裡已是十分擁擠。白天，孩子們上課、遊戲，倒和一般小朋友沒有什麼兩樣。晚上，他們疲倦了，也都能沉沉睡去。

只是，到了夜間，不知道哪個孩子，從惡夢中醒來，喊了一聲媽！放聲大哭，立刻，這一間寢室裡面所有的孩子，都醒過來，哭著喊他們事實上並不存在的媽媽。這種哭聲一經發作，除了等他們疲倦不堪才自動停止以外，是沒有方法可以制止的。那位五十七歲的女性院長，半夜裡聽到這種哭聲，往往從床上坐起來，遠遠的陪著孩子們流淚。這位院長，她迫切希望能夠籌到一筆錢，多蓋幾間寢室，避免使太多的孩子住在一間房子裡，她也希望能再多聘幾位保姆，多添些遊戲的設備，再多給孩子們一些愛和安慰。

我們希望天下賢明的父母們，除了關心自己孩子的幸福，也關心一下另一批孩子的痛苦。我們誠懇的呼籲，大家都盡一份力量，捐一點錢出來，爲幼幼育嬰院的孩子們造福，這就是「幼吾幼，以及人之幼。」

推薦「春風化雨」

甲式：

歌德所寫的「少年維特之煩惱」，男主角維特是在失戀以後自殺的，這本書大大的影響了當時的讀者，自殺的人突然增加，許多人都覺得重情輕死是一件很光榮的事。王爾德寫「獄中記」，指出英國的監獄中有種種缺點，英國人看了，發出一片呼聲，要求革除監獄裡的積弊，政府也接納了這個要求。中國有一部「三國演義」，深深的支配著人心，別的不說，後世結拜弟兄，都是追慕劉關張的桃園結義，願意繼承他們的遺風，不能同年同月同日生，但願同年同月同日死。成功的文藝作品對社會的影響是多麼大啊！

福斯公司所拍的文藝片「春風化雨」，由珍茜蒙絲主演，這是一部成功的作品。它能發揚百年樹人的志趣，也能提高尊師重道的精神，教人看了，覺得精神向上，靈魂純潔。應該把這部片子介紹給更多的人看，擴大它對社會的影響。

那做家長的，請帶著你們的全家去看這部片子吧。那做教師的，請帶著你們的學生去看這部片子吧。那做長官的，請鼓勵你們的部屬去看這部片子吧！

乙式：

歌德所寫的「少年維特之煩惱」，男主角維特是在失戀以後自殺的。這本書大大的影響了當時的讀者，自殺的人突然增加，許多人都覺得重情輕死是一件很光榮的事。王爾德寫的「獄中記」指出英國的監獄有種種缺點，英國人看了，發出一片呼聲，要求革除監獄裡的積弊，政府也接納了這個要求。中國有一部「三國演義」，深深的支配著人心，別的不說，後世結拜弟兄，都是追慕劉關張的桃園結義，願意繼承他們的遺風，不能同年同月同日生，但願同年同月同日死。成功的文藝作品，對社會的影響是多麼大啊！

福斯公司所拍的文藝片「春風化雨」是一部非常成功的作品。在這裡，珍茜蒙絲是一位女教師，她的頭髮灰白，臉上有皺紋，仍然挺直了脊梁骨，挺直了脖子，坐在教室裡監視著學生的品行和功課。春天去了，春天又來了，學生畢業了，新生又來了，她天天坐在教室裡挺直了脊梁。這樣四十多年。

有一天，她的脊梁骨突然彎了下來，她病了。這一病，顯出了她的偉大，四十年教育工作所埋下的種子，像雨後春筍般的冒出土來。這部片子發揚百年樹人的志趣，提高尊師重道的精神，教人看了，精神向上，心靈純潔。應該把這部片子介紹給更多的人看，擴大它對社會的影響。

那做家長的，請帶著你們的全家去看這部片子吧。那做教師的，請帶著你們的學生去看這部片子吧。那做長官的，請鼓勵你們的部屬去看這部子吧！

甲式是單純的論說，乙式摻入了描寫，比較之下，有兩點可以指出來：

1. 摻入描寫以後，增加了文章的「可讀性」。論文，多半是硬綳綳的東西，不大注意讀者的趣味。過去，讀高等論文，要關起門來，全神貫注，戴起眼鏡來讀，皺著眉頭去想，克服了文字表面的枯燥，找出裡面的精華。現在，讀書環境變了，讀書看報，往往在電車、火車、交通車上，在收音機、飛機、汽車喇叭聲裡，在緊張忙迫的工作之後。環境如此，心情如此，他們希望在閱讀時能儘量少付出精力。所以，再沒有一個時代，像今天的著作人這樣存心「討好」讀者。他們簡直希望能把文章做成到口融化的酥糕。論說文摻入了適當的描寫，顯然要鬆軟得多，容易消化得多了。這似乎並不是一件壞事。

2. 寫論文的人一向說「描寫」不過是一些空話、廢話。描寫確有變成空話、廢話的可能，不過，只要用得恰當，描寫卻能避免空論，使論說文的內容充實，這可以算是意想不到的功效。

「空論」的成因，由於對所要討論的問題不甚了了。討論建設野柳，對野柳的風景沒有甚麼認識，推薦影片，對影片的內容沒有甚麼了解，說話就容易不著邊際。「天地乃宇宙之乾坤，百姓乃黎民之赤子，」「二郎者，大郎之弟，三郎之兄，小郎之父，老郎之子也，」這一類的濫調才會產生。在這方面，描寫有防疫的功用，因為下手描寫以前，一定要先下觀察的功夫，描寫風景要仔細看過那風景，描寫劇中人要用心看過那影片，既然觀察，就不陌生，討論起來自然言之有物。

描寫是一種能力，這能力通常是由練習中得來的。練習少不了模仿。描寫是把一種景象用文字移到紙上，所要克服的困難，就是怎樣把物象變成文字。一個傳統的辦法是：看人家怎樣寫。

我們看見過農夫耕田，也許不能把那個景象寫出來，可是，看！有人寫出來了：「在那可以墾闢的平原上，一個臉色良好的青年，駕著一組壯麗的牛，四對年輕的牡口，深暗的毛色上發出有亮光的黑褐色的牡牛，短而捲毛的頭，睜著獰惡的大眼睛，對於軛和鞭還在憤憤不平。那個操縱這些牛的人，需要開拓一片到處都是一些百年樹根的草地。這是他的青春，他的精力，和他四條幾乎無法駕馭的牛，簡直難以勝任的大勞動。當一條樹根阻住犁刀時，農夫便用有力的聲音叫著，喊著每隻畜生的名字，牛給這突然的抵抗激怒了，牠們跳起來，用巨大的蹄叉挖著土。等到阻礙克服了，耕牛們又恢復了整齊與莊嚴的行列行進。」（喬治桑：魔沼）。

我們都看過港口，也許覺得不容易描寫，看吧！有人寫過了：「在那停滿了船舶的交易港裡，巨大的船身，肚子碰肚子的在那裡停泊著。靠著碼頭，桅杆綿延到幾公里長，桅杆上附著帆架、檣頭、繩索，使這城市的的裂口像一個很大的死樹林。一些海鷗就在這沒有葉的森林底下盤旋，一等到有人把什麼殘渣擲在水裡，就像一塊石頭落下般的直飛下來。還有一個學做水手的幼童，在一根高桅的頂端裝置一個滑車，看上去好像爬在那上面尋覓鳥巢似的。」（莫泊桑：畢爾和哲安）。

我們屢次在電影裡面看見狂風巨浪猛襲一艘船，有一天，我們又發現，那情景原來可以這樣寫出來：「無論他們怎樣逃遁，海卻開始蓋沒他們，波濤一直高上去，瘋狂般的高上去，然後又一個個的碎裂起來，人們可以看到許多巨大的淡綠色的塊片，那就是被風拋向四面八方的、倒落下來的波浪。這類沉重的塊片有時帶著一種脆響落在甲板上，於是船身就痛苦的顫抖起來，一片散亂的白色泡沫，使人們什麼都辨不清了。當狂風悲鳴得更加厲害時，那些泡沫變成更厚的漩渦奔馳著，像夏天路上的灰塵一樣，大雨也偏斜著橫掃過去，像許多條皮鞭呼呼的抽打那條船。」（羅逖：冰島漁夫）。

這樣的文字看多了，心裡就慢慢明白：啊，原來是這樣的，原來是這樣的！

在論說文裡面，描寫只是一項補助手段，不能太多。如果描寫大量充斥，論說文的格局就不能維持。還有，在論說文裡面，描寫必須相當「寫實」，手法不能太誇張，因爲論說文的最後目的，還是教人覺得「可信」，太誇張的描寫，對「可信」形成一種妨害。

這裡面的得失分寸，全靠寫文章的人善爲把握。

文章寫完了，楊老師自己訂正一遍，又加上一段附註：「文內所引三本小說的文字，都是根據黎烈文先生的譯本。爲求便於朗讀，稍稍改動了幾個字。」

子曰

一

這是春秋時候的事。

在楚國，有人發現了一件奇怪的東西，它很大、很圓，看上去是某種植物所結成的果實，可是，誰也沒見過這種植物，大膽的人把它剖開，吃裡面的瓤，滋味居然像蜜一樣甜。眞奇怪呵，這東西究竟叫甚麼名字呢？去問問孔夫子吧。孔夫子回答說：「這東西麼？叫萍實！」

在陳國，有人發現了一隻死鷹。鷹是被箭射死的，箭頭卻是石頭做的。眞奇怪呵，怎麼會有這樣的箭呢！去問問孔夫子吧。孔夫子說：「這樣的箭，是肅愼國向周天子進貢的東西，周天子又把它分給陳國的。陳國的歷史博物館裡，應該還有這種東西！」

有人挖井，挖出來一個獸形的東西，這是甚麼東西呢？去問孔夫子呀！

有人見了孔夫子便問：「國家收稅收來的錢，總是不夠支出的，怎麼辦？」

有人問：「孔老師！人在死了以後，究竟到哪裡去了？」

有人問：「老師！我想辦個農場，您指導指導吧！」

……………

這些在春秋時代發生的事情，靠著書本留傳下來，最近有人寫了一本《孔子傳》，大量採用古書上的這些記載。《孔子傳》出版以後，豎在書架上，任人參觀購買。有些小書攤的老闆對於光看不買的那種「參觀」，是很不歡迎的。

且說這天是星期天，天氣很好，人們從辦公室、學校、工廠裡退出來，放下他們的工作，帶著他們的錢包，湧到馬路上去。吳強口袋裝著幾張鈔票去逛書攤，想買一本新書。他買書的習慣是先看後買，看了覺得不好，固然不買；即使覺得好，而那本書日後並沒有重讀的價值，他也不買它。他到了書攤前面抓起那本《孔子傳》，先看。

他看到書上面的記載：——有人問孔子這是什麼古董，有人問孔子那是甚麼植物，有人問財政，有人問農業，——他的眼光離開書本，沉吟起來。

書攤的老闆，看見吳強既沒有馬上要買的意思，又沒有馬上要走的意思，心裡很不樂意，就趁著吳強出神的時候，伸手把《孔子傳》搶回來擺到書架上去。

這是老闆表示逐客。吳強動了氣，滿臉通紅，正要向賣書的理論，驀然覺得有人朝他肩上拍了一下，回頭一看，原來是楊老師。看見楊老師，吳強的臉更紅了。

楊老師好像甚麼也沒看見，把手裡的一本新書，向吳強舉了一舉。那本書正是《孔子傳》。

「我買了一本書，不知道好不好，你先拿去看一看。」

一面說，一面走，一面把書交給吳強。吳強拿了書，還是在出神。

「吳強，想什麼？」楊老師笑了。

吳強用他那不大靈便的唇舌說：「我很奇怪，春秋時代的人，爲甚麼每一件事情都要去問孔子呢？」

「是啊！的確有點奇怪！」

人行道上擠滿了人，這一師一徒，隨著人潮往前走，走不多遠，忽然發現有一家茶座，裡面一個顧客也沒有。數不清的人從它門口擠過去，卻沒有人進來喝茶。楊老師立刻說：「我們在這裡坐一坐吧！」

杯中上升的蒸氣送來茶香。楊老師拾起了話頭：「眞奇怪，他們甚麼都去問孔子。他們認爲孔子學問很大，孔子說出來的話可靠。這叫做服從權威。他有權，他有威，別人不能不聽他的話，這個權威，不是政治力量，這是知識學問的力量，學問愈大，力量愈大，所以說一分知識，一分權力。」

「人有依賴權威的心理。比方說，這家茶館，生意不好，爲甚麼不好？老闆也不知道，他得找個內行問問，這個內行就是他心目中的『孔子』。那個人也許說，你不該用石灰刷牆，不該買木椅子，店門不該開得這樣大。這些話有一種力量，能使開茶館的老闆重新刷牆壁、修門面，這就是權威的力量。」

「權威既然有這種力量，所以寫論說文的人，常常把權威抬出來，用權威的話去說服別人，這叫引用權威。我們常常在人家的文章裡面看見：孔子怎麼說，耶穌怎麼說，蘇格拉底怎麼說，王陽明怎麼說，這就是在引用權威。」

茶館的老闆是一位五十左右的中年人。他走過來沖開水的時候，看見了擺在茶几上的《孔子傳》。他順便問：「先生，這本書多少錢？」

「兩百塊。」

「這本書好不好？」他發現兩位顧客不明白他爲甚麼要這樣問，立刻補充：「我想買一本給我的孩子。」

「我們還沒有看過，不知道到底好不好。」

楊老師說：「是呀，現在的書，封面都是花花綠綠，也弄不清楚裡面到底怎麼樣。」

老闆提著開水壺走了。

「吳強，你看眼前就是個例子。這個做生意的人，想知道一本新書的內容好不好，他得找個內行問問。在他的心目中，我們摸書本的時間比他多一點，對一本書是好是壞，比他多一點判斷力，他就想依賴我們。我們呢，也許能下判斷，也許不能。如果我們不能，我們得依賴更內行的人。我們讀書，吸收知識，目的就在能夠知道在這一行裡面一共有多少位內行，他們主要的意見是什麼，他們詳細的意見在哪本書裡。輪到我們發表意見的時候，我們不只說出自己的意見，有時候也說明這個意見的來源，某一項意見源自某一位權威。所以，寫論說文有一項辦法是引用權威。」

「老師，教我們這一課嗎？」

「我想，應該教。」

二

現在是楊老師上作文課。

他咳嗽一下，拿起粉筆，望著全班的學生說：「這一堂，我要講的是——」他回身打算在黑板上寫字，忽然聽見有一個學生喊著：「引用權威！」

接著是全班學生哈哈大笑。

楊老師立刻轉身，說：「你們的消息很靈通！」

「哪裡！吳強的消息才靈通呢！」不知是誰這樣說。

楊老師告訴大家，他怎樣在街上買了一本書，又怎樣遇見吳強，又怎樣談到孔子。孔子真了不起，什麼都知道，或者說，那個時代的人希望他甚麼都知道，一個人心裡有甚麼困難，有甚麼疑問，一旦見了孔子，就利用機會當面請教。他們的問題，五花八門，性質複雜極了。說到這裡，楊老師突然提高聲音，用命令的口吻說：「拿一張紙出來！做作業！」

對於「作業」，學生們有習慣性的緊張與服從。可是，聽見了楊老師口述的題目，大家的心情馬上放鬆了：

「如果你遇見孔子，你有甚麼問題要問他？」

大家略一思索，振筆疾書，全體在五分鐘之內繳卷。楊老師把那些答案放在講桌上，暫時不去看它。他先說了一段話：

古時候，有那麼多人提出問題來問孔子，你們也不必覺得奇怪。事實上，我們每天、每小時都要使用問號。請問你，下一堂物理考不考？那個新來的同學叫甚麼名字？大世界的電影好看不？你買的原子筆多少錢一支？到西寧北路往哪兒走？隨時隨地都有問題要問人家。這是出聲的問。還有一種不出聲音的問，打開報紙找影評，看『巴士站』

好不好，打開營養手冊，看蕃茄裡有多少種維他命，收聽氣象預報，看明天是晴是雨。活到老，問到老。

誰能夠回答我們的問題，誰就是我們心目中的權威。說到我們心目中的權威，那是一個很有趣的現象。在我們三歲、四歲的時候，我們心目中的權威，可能是跟我們一同玩耍的孩子，他可能比我們大一些，聰明一些，因而贏得我們的信賴。比方說，他叫小明，小明說過，白雪公主的泡泡糖比快樂王子的泡泡糖好吃。小明說過，這座山的那一邊就是大海。小明說過，把瓦片埋在土裡，明年可以變成錢。我們根據小明的意見，和父母爭執，和哥哥姐姐爭執。這是第一個階段。

這個階段過了以後，我們心目中的權威可能變了。小明的話不一定對，爸爸的話才是對的。我們的權威是爸爸。野柳很好玩！誰說的？爸爸說的！《紅樓夢》是一部壞書！誰說的！爸爸說的！爸爸說動物園裡的老虎沒有牙齒，我們就相信牠沒有牙齒。爸爸說天上有兩顆星，本來隔得很遠，可是到了七夕，就要合攏在一起，到七月初八的早晨，我們就以爲這樣的事情業已發生過了。這是第二個階段。

這個階段過了以後，我們心目中的權威又變了。爸爸不夠權威，級任導師才是權威。第三個階段過去，第四個階段又來，只有一位老師是不行的，我們得有許多位老師。有的老師告訴我們，汽車的發動機是內燃機。有的老師告訴我們，太陽的光線共分七色。有的老師告訴我們，胡蘿蔔有豐富的維他命A。有的老師告訴我們，南極和北極一樣冷，一樣冰天雪地。我們也知道，這些老師的背後，還有老師，物理老師的背後有物理學家，歷史老師的背後有歷史學家。

到第四階段，我們已經知道，三百六十行，行行有權威，不管有了甚麼樣的問題都拿去問一位權威是不行的，世界上只有一位權威是不夠的。我把我們心目中對權威的認識，分成四個階段。我要測驗一下，看你們是站在那個階段上。

他伸手抽出一張「作業」來，全班的學生，都很緊張的望著他的手。只聽得他念道：「如果我遇見了孔子，我要問他：那個萍實是不是個大西瓜？」

大家笑起來。楊老師也笑著說：「如果孔夫子研究植物學，我們當然可以問他。」

他注視著那一疊作業，又從其中抽出一張來。

這一張寫的是：「如果我遇見了孔子，我要問他：中學生可不可以談戀愛？」

大家笑得更厲害。楊老師說：「你問到行家面前去了。孔夫子答覆教育、社會方面的問題，一向是很拿手的。」

再看一張：「如果我遇見孔夫子，我要問他：您老人家究竟刪過詩經沒有？」

楊老師喝采：「問得好！我國一向有孔子刪詩的說法，據說，詩本來有幾千篇，被孔夫子刪掉了十分之九，只剩下三百多篇，就是現在的詩經。但是，也有很多人反對這個說法，認爲孔子並沒有刪詩。這正反兩面的人都很有學問，也可以說都是研究詩經的權威，他們吵架，咱們可沒辦法調解。孔子究竟刪詩了沒有，只有孔子本人最清楚，對這個問題，他是權威的權威！」聽見楊老師喝采，有幾個學生劈里拍拉的鼓掌。

隨手再抽出一張來，高聲念道：「如果我遇見孔子，我一定問他：用甚麼辦法治好我的……」

下面兩個字是「口吃」。楊老師看見這兩個字，暗暗叫聲不妙。這一份答案，是吳強寫的，他是班上惟一有口吃病的學生，如果把他寫的話當眾宣佈，豈不替他在班上留下一個笑柄？說時遲，那時快，只聽見楊老師念的是：

「用甚麼辦法治好我的感冒？」

全班大笑特笑。等大家笑夠了，楊老師說：「關於感冒的問題，我聽見孔子是這樣回答的：我給你介紹一位醫生！」

大家剛剛收斂的笑意，又迸發開來。

楊老師下結論說：

春秋時代的人，拿五花八門的問題去問孔子，有人問政治，有人問軍事，有人問宗教，有人問考古，有人問植物學，有人問天文氣象。我們不能這樣辦。學問分很多種類，誰也不能門門都通，能通一門已經很好，能通兩三門就很了不起。誰也有不知道的事，對這一門學問是權威，對另一門學問可能是門外漢。這一點也不丟人。

據說，在孔子的時代，有人提出一個問題：太陽究竟甚麼時候離地球最近？早晨還是中午？如果太陽在中午離地球近，爲甚麼它在早晨大而在中午小？如果它在早晨離地球近，爲甚麼它在早晨涼而在中午熱？據說，孔子對這個問題，不知道怎麼回答。這一點關係也沒有，孔子的專長根本不在這方面。

今天，如果有人拿這個問題去問一位音樂家，音樂家說：我不知道。這實在不在意料之外。太陽離地球最近的時間，究竟在早晨還是在晚上，這個問題本不該由音樂家決定。如果他說：在早晨，或者說：在晚上，沒有誰會相信，大家覺得他的這句話靠不住，他不在這一行，他不是權威。

記住：寫論說文的時候，不要找錯了權威。如果性感明星說，人類馬上可以到火星去探險，這話不算數。如果菸草大王說，吸香菸絕不會得肺癌，這話靠不住。造房子要聽建築師的話，治病要聽醫生的話，不要因爲他是名人，就拿他的話當做權威，要先看看他是在哪一方面成名。

張大千說：橫貫公路東段的山水，可以比得上世界最美的山水。這話有沒有引用的價值？張大千先生是不是看見過很多最美的山水？他對山水之美，有沒有欣賞批評的能力？他曾經遊歷世界，看過很多山水名勝。他是畫家，有審美的眼光。他對臺灣東部山水的批評，很值得我們重視。

誰是權威，誰不是權威，誰的話可以引用，誰的話不可以引用，這是識見問題。培養識見，要多讀好書。

這天的作文題是「我的權威」。

三

晚間，楊先生打開教科書，看見了一段文字：

凡文化之國，未有不重其史者也。古人有言：「國可滅，而史不可滅。」

看到這段話，楊先生動了一個念頭，他想把教科書裡面「引用權威」的地方統統摘抄出來，印成講義，發給學生溫讀。翻翻抄抄，才知道這方面的例子並不很多。

古人說：「去惡，如農夫之務去草焉」。

俗語說：「斬草不除根，春風吹又生」。

古人說：「從前種種譬如昨日死，以後種種譬如今日生」。

佛家說：「放下屠刀，立地成佛」。（以上四條俱見甘績瑞：從今天起。國中國文第一冊。）

養成運動家的風度，首先要認識君子之爭：「君子無所爭，必也射乎！揖讓而升，下而飲，其爭也君子」。（羅家倫：運動家風度。國中國文第三冊。）

宋代歐陽修云：「最佳讀書時，乃爲三上，即枕上、馬上、廁上。可見只要肯讀書，是不愁沒有時間的。」（劉眞：論讀書。國中國文第四冊。）

治生之道，莫尚乎勤。故邵子云：「一日之計在於晨，一歲之計在於春，一生之計在於勤。」（李文炤：勤訓。國中國文第五冊。）

柔弱生之徒，老氏誡剛強。（崔瑗：座右銘。國中國文第六冊。）

抄到這裡，窗外忽然有人說：「老楊，還在用功嗎？」抬頭一看，原來是胡主任。

「進來坐！」楊先生合上書本。

「不進去。我想去看電影，找不到伴，你來吧。」

「我昨天才看過一場。」

「昨天看過，今天沒有看過，走走走！」

坐在電影院裡，胡主任低頭看說明書，楊先生卻對著銀幕想心事。現在的銀幕奇大，大得像一堵牆，而且特別寬，看上去扁扁的，稱之爲闊銀幕或大銀幕。記得從前的銀幕不是這個樣子。從前的「標準銀幕」，是長方形的，長和寬有一定的比例，這比例，叫做分金率。從前的美學權威，都說畫面要合乎分金率才美，才好看。可是，闊銀幕把這個規矩打破了，闊銀幕不照分金率，未必不好看，電影事業往闊銀幕發展，原來的標準銀幕反而不夠「標準」了。

由銀幕上看到銀幕下，看見許多女子掛在男人的胳臂彎上陸續入場，她們坐下以後，有的吃瓜子，有的嚼口香糖，嘻嘻哈哈很快樂。楊先生聯想到古人們對女人的意見：「女人無才便是德」，「男外女內」，「外言不入於閫，內言不出於閫」，這些意見，當初也是很權威的，「權威」們不准女子和男子有同樣的社會地位，不准她們和男子有同樣的人生意義。可是，看看今天劇場裡的情形吧，看看今天學校裡的情形吧！看金善葆、趙華、胡玉枝，那些女學生的處境，跟她們的祖母年輕時的處境是多麼不同吧！古老的權威在被修改，甚至在被推翻。

他又想起教科書裡的一段話來：「眞理只有一個，此是即彼非，彼是則此非，此外無可中立者」。這話有它的權威性。根據這個「定理」，所有的辯論會，都分成正反兩面，拚個你死我活。可是，已經有很多人指出來，這種思考的方式是不妥當的。熱和冷中間還有一個「溫」，即使是「熱」，也還有一百度的熱、兩百度的熱和五百度的熱。事理分成很多層次，含有相當的彈性，千萬不要分成兩個極端了事……

一面這樣想，同時聽見背後兩個觀眾在談話：

「現在，賣雞蛋，生意不大好。」

「爲甚麼？」

「據說，專家發現雞蛋裡面有一種甚麼東西，可以使人的血管硬化，有很多人不吃雞蛋了。」

「過去都靠吃雞蛋滋補身體，做兒女的都買蛋孝敬老年人。這一下子整個反過來了！」

權威誠然可貴，但是，舊的權威常常被新的權威代替。「知識像鮮魚一樣，容易變壞。」如果權威成了壞魚，當然就不能引用。這層道理，應該告訴學生嗎？如果告訴了他們，他們會不會覺得混亂、矛盾？他們會不會覺得我一面告訴他們一個原則，同時卻又在破壞這個原則？可不可以現在暫時不談這個，由他們日後再去發現？……一直到電影散場，楊先生還沒能決定究竟怎麼辦。

好有一比

一

我們這位楊先生是莎士比亞的愛好者，常常用幾段「漢姆雷特」或「暴風雨之夜」來恢復疲勞、消磨時間。他最初讀這些劇本的時候，總是被那雷霆萬鈞的劇力完全震懾，簡直透不過氣來。後來，一遍又一遍，讀得多了，纔能夠自由自在的涵泳玩味。且說這一天，他信手打開一本莎劇，只見劇中人在說：

「戀愛的人，去赴情人的約會，像一個放學回來的兒童，可是當他和情人分別的時候，卻像上學去一樣滿臉懊喪。」

讀了這一段，楊先生覺得非常開心。以前讀到這個地方時，從沒有這樣開心過。他很喜歡這一段臺詞所用的比喻。可不是？孩子來上學的時候，怕考試，怕查作業，怕

「爬」黑板，想起一天的課業負擔，心情非常沉重。等到下午放學，今天的難關業已度過，就露出興致勃勃的樣子來了。

「這日子長得叫人厭煩，正像一個做好新衣服的小孩，在節日的前夜，焦灼的等待天明一樣。」

「現在你變成一個孤零零的圓圈兒了。」

「新的尊榮加在他身上，就像我們穿上新衣服一樣，在沒有穿慣以前，總覺得有點不合身。」

「他現在就像一匹八歲的馬，完全忘了他的母親了。」

「我們把他當做一顆蛇蛋，與其讓牠孵出以後害人，不如趁牠還在殼裡的時候，把牠殺死。」

「他的勢力，正像上弦月一樣擴展，終有一天會變成一輪高懸中天的明月。」

「一個軍人要是不能審察利害，他就跟他的劍沒有甚麼分別。」

他非常喜歡這些句子。讀這些句子，心裡高興極了。用「譬喻」的方法幫助說明事理，是多麼親切、生動啊！「譬喻」在文學作品裡面，原是頂重要、頂重要的手段，可是，很多人都說，那只是抒情、描寫的手段，很多人都說，說明誰的勢力很強大，並且推斷他要繼續強大，不該把他跟那個不相干的明月扯在一起。這話有它的道理。可是，楊先生有點捨不得那些好句子。他又想起「性，猶湍水也，決諸東方則東流，決諸西方則西流。」想起「神之於形，猶利之於刃，未聞刃沒而利存，豈容形亡而神在？」想起「車有兩輪，鳥有雙翼，是故文武之道不可偏廢也。」這樣的例子多得很哩！他放下手裡的書，另取一本《培根論文集》：

——有人喜歡朝三暮四。固定的是非觀念，被認爲是一種枷鎖。

——眞實是顆珍珠，雖在光天化日下愈見光彩，卻總敵不過鑽石、紅玉，在掩映變幻的燈光下愈見光芒。

——美，就像是夏天的果實，容易腐爛，不能久存。

——天生的植物，必須以人工加以修剪，人類的天性，也得用學問去誘導才行。

——猜疑像蝙蝠，總愛在黑暗的地方飛翔。

——一個人如被大家認爲是會守秘密的，那麼，人們便都會將心事向他吐露，好像室內愈是沒有空氣，愈容易將室外的新鮮空氣吸收進來一樣。

——螞蟻就其本身來說，倒是一種聰明的小動物，可是果園花園卻受到它許多禍害。跟這同樣的情形，唯利是圖的人，固然在自己是聰明的，但對他人則有害處。

楊先生看到這些可愛的句子，把論說文用比喻的問題仔細想了一下。

首先，他覺得「譬喻」在我們的文字裡面，隨時存在。我們說張三是李四的工具，工具兩個字就是比喻。謙稱自己的兒子是犬子，犬字也是比喻。日正中天、眾星拱月，現在的用法都脫離了天象，與虎謀皮、引狼入室的意思也不指野獸。

魯君派孔子弟子宓子賤出去做官，宓子賤向魯君要了兩位秘書同行。到了任所，秘書辦公的時候，宓子賤常常從後面拉他的胳臂彎，秘書沒有辦法工作，只好辭職。他們回去向魯君訴苦，魯君恍然大悟說：「這是宓子賤暗示我用人不可不專，不要隨便干涉他的工作。」這件事留下一個典故：掣肘。我們現在用掣肘兩個字，實際上是在用一個比喻。

語文裡面充滿了比喻，掣肘、工具、日正中天、典型、文化遺產、人格的污點，都是論說文常用的字樣。那麼在約定俗成的比喻以外，自己另想一兩個比喻，只要恰當，自然無妨。

其次，楊先生想到，在論說文裡用比喻，不可把比喻當作證據。比喻不是證據，「車有兩輪，鳥有雙翼」，不能證明「文武之道不可偏廢」。主張文武之道不可偏廢的人，必須另外去找論證。如果他找到了可靠的證據，拿這些證據做他那篇文章的主要內容，那時再加說一句「車有兩輪、鳥有雙翼」，似乎有益無害。

就像培根罷，他說：文名的傳播，也有賴於虛榮的力量，輕視榮譽的人，著書時仍然要把自己的名字擺在首頁。甚至像蘇格拉底、亞里斯多德、格林等偉大的人物，也都有強烈的虛榮心。西塞祿、辛尼加、普林涅斯諸人的聲名，如果不是憑藉虛榮的力量，哪能留傳那麼久……培根在舉出這些證據以後，下面來了一句比喻：「因此，在聲譽中摻入虛榮，就像在天花板塗上油漆，既能使之發亮，又能使之耐久。」

接著，楊先生想到，比喻和證據固然應該分開，比喻和故事卻有些地方可以相通。在耶穌佈道的時候，「浪子回頭」是個故事，也是一個比喻。「比喻」教人由甲聯想到乙，「浪子回頭」教人聯想到悔改。

在這方面，最明顯、最淺近的例子是伊索寓言。一隻龜和一隻兔子賽跑，兔子自信腿快，把這場比賽不放在心上，竟在途中睡著了；烏龜努力爬行，一刻也不停止，最後贏得勝利。這是說，一個有天才的人，如果不肯努力，他的成就，會趕不上一個天分很差而非常勤勉的人。

一隻烏鴉，非常口渴，很高興的發現了一隻水瓶，可是，瓶裡的水太少，他的嘴不能沾到水。他想把水瓶推倒，讓裡面的水流出來再喝，可是，他的力量不夠。後來，他看見附近有些小石子，就把小石子啣起來，丟進瓶中。石子多了，水就上升，一直升到瓶口，他終於喝到了水。這是說：武力不能解決的問題，要用智慧來解決。

這些故事都可以當做比喻用。

經過一番思索，楊先生決定教他的學生在論說文裡使用比喻。他記得講「譬喻」是修辭學的事。他從書架上找出修辭學，打開一看，裡面密密麻麻，把用比喻的方法設計了許多「格」，十分瑣碎，不容易記憶，有些格與格之間也難以分得清楚。他想：暫時不要管這些「格」，所謂比喻，就是用甲比乙，使人由乙去懂得甲。它的寫法，就是：

甲像乙一樣。

赴情人之約的人像放學的孩子一樣。性情殘暴的人像虎狼一樣。孤獨得像個圓圈一樣。他的勢力膨漲像中天明月一樣。猜疑像蝙蝠一樣。知識像鮮魚一樣。這些都是比喻。

使用這個基本句型「甲像乙一樣」，有三個限制。

1.甲和乙是不同的兩樣「東西」。赴約之人和放學的孩子不同，孤獨的「人」和圓圈不同，猜疑和蝙蝠不同。不同，才可以相「比」。

2.甲和乙之間，有一個類似的地方。赴約之人高高興興，放學的孩子也高高興興。

人在孤獨的時候覺得一無所有，一個圓圈看上去也是一無所有。猜疑在暗中滋長，蝙蝠在暗裡飛翔。有了這個相似之點，「比」了以後才可以「喻」。

3.甲乙相比的時候，主體在甲，「乙」只是幫助我們去了解「甲」的。如果甲是我們比較陌生的，乙就該是我們熟悉的；如果甲是尚未決定的，乙就該是業已決定的；如果甲是有待證明的，乙就該是業已證實的。我們已經知道蝙蝠在暗處飛翔，才領會「猜疑在暗中滋長」；我們已經知道鮮魚容易變壞，憑它了悟知識的本身也有新陳代謝。用熟悉去比陌生，用可信去比未信，「比」了以後才容易「喻」。

「甲像乙一樣」這個句型，可以稍加變化，那就是，把「甲」略去不提，只把乙說出來，「像……一樣」這樣的字也不要了。「引狼入室」的那個「狼」，就是把「那個人像狼一樣」省略後的結果。雖然只說一個狼字，憑著前後文，我們仍然可以知道，這句話裡面並沒有一頭真正的狼，只有一個惡人。「歲寒，然後知松柏之後凋也」，這句話裡只有「乙」，沒有「甲」。如果把「甲」補進去，那大概是「社會上道德淪喪的時候，才顯出君子的人格操守來，就像到了冬天，才顯出松柏長春一樣。」

如此這般，自己想通了，就在紙上寫下大綱，準備找機會講給學生聽。

二

早自習的時候，楊老師帶著他的學生溫課，課文是劉基寫的「賈人渡河」。

據說有一個商人，很有錢，他在城裡開了一家店舖，城緊靠著一條河，河上沒有橋，來往過河要用渡船。有一天，商人出門，他穿上新衣服，帶著錢包，來到河邊，上了渡船。沒想到，船到江心，忽然翻了。商人，連他的新衣服，連他的錢袋，一齊下了水。河水很深，絕對可以淹死人。幸而上面漂過來一團東西，那是一團亂草，河裡面常有這種浮草。他抓住浮草，大喊救命。附近有一個漁夫，正在船上打魚，聽見喊聲，就駕了船來救人。商人望見漁船走近，心裡高興極了，也感激極了，就抓著錢袋，——還好，錢袋還緊緊的抓在手裡——喊道：「救我！我給你一百兩銀子。」一百兩銀子！這是個大數目。漁人本來沒指望得到這麼厚的酬報，不過，對方既然自願付出這麼多，他也就認爲有資格接受。情勢非常危急，浮草隨時可以散開或沉沒。還好，漁夫及時趕到了，費了一番力氣，把商人救上船，又扶他上岸。到了岸上，商人拿出十兩銀子給漁夫，算是報酬。漁夫說：「您原來是答應我一百兩，現在只給十兩，未免不大好吧！」商人很不高興，反問一句：「你打一天魚，又能賺多少錢？」漁夫沒有辦法，只好拿了銀子，很失望的走開。

眞是無巧不成書，過了幾個月，那個商人坐船，船又翻了，而且那個漁夫，又恰好在旁邊看見。在翻船的一刹那，商人大喊救命，漁夫卻不肯前往，他說：「上一次，你賴掉我九十兩銀子，這次誰還救你？」既然沒有人去救生，商人又不會游泳，這次水面又沒有浮草，所以不久商人就沉到水裡去，再也看不見了。

對這個故事，班上有兩種反應。有人說：

「好殘忍啊！」

另一種聲音同時發出來：

「活該！」從這兩種反應中，楊先生得到了一個作文題，那就是：「漁人該救商人嗎？」

他從作文簿裡選出幾篇，批改妥當，印出來當作講義。

第一篇

漁人該救商人嗎？我認為，他應該去救那個商人。

別人有了困難的時候，我們應該幫助他，別人有了危險的時候，我們應該援救他。所以，我們在馬路上看見一個瞎子，要引他過街，我們在車門口看見一位老太太，要扶她下車，我們看見小孩子跌倒，要把他拉起來。這是我們應該做的事情。

在這世界上，很多人冒著危險去幫助別人，也有很多人，自己用多餘的力量，很輕鬆的幫助了人家。拿漁人來說吧，他經常在水上生活，他會駕船，會游泳，船是他的家，那條河是他們的公路。那個商人可不行，他不識水性，看見水就害怕。在水裡面，商人是弱者，漁人是強者，一個強者來救一個弱者，並不需要冒甚麼危險，他用自己多餘的力量就行了。從前，過河的地方沒有救生設備，那些失足落水的人，都是由附近的漁人自動去援救。那些漁人，就是古代的救生員。

有力量的人，應該幫助沒有力量的人。會水的人，應該幫助不會水的人。安全的人，應該幫助在危險中的人。所以，那個漁人應該去救那個商人。現在漁人計較報酬，見死不救，是把錢看得太重，把自己的責任看得太輕了。

第二篇

從前，在某個地方，有一座法院。有一天，法院開庭審判嫌犯，被告是一個五十多歲的商人，他的罪名是詐欺。他要人家爲他做事，答應給人家一百兩銀子，等到事情做完，卻只肯出十兩。他不守信用，應該受處罰。於是法官站起來說：「判你死刑！拉出去槍斃！」

假如有這樣的判決，這判決太不公平了。旁聽席上的人，一定大喊：不行！不行！

一個商人，掉在河裡，懸賞一百兩銀子，徵求一位救命恩人。一個漁人把他救到岸上去，他只肯出十兩銀子。這太不應該了。那個漁人，心裡一定非常憤恨。等到第二次，商人又翻了船，需要人家來救他，那個漁人卻在旁邊袖手旁觀。這個漁人心裡想：「這次你該受報應了！」這個漁人，他自己認爲是法官，那條河就是他的法庭。「你死！」這是判決。我們旁聽的人，不能不喊出來：太過分了！太不公平了！

漁人該救商人嗎？上面就是我的答覆。

第三篇

在學校裡，每天早晨要升旗。升旗的時候，我們都要排好隊伍，向國旗敬禮。升旗以後，老師要查點人數，如果那位同學沒參加升旗，又沒有請假，老師一定要給他嚴重的處分。如果老師不管，不參加升旗的人就愈來愈多。

老師規定我們剪指甲。不知道甚麼時候，老師就教我們伸出手來，來一次突擊檢查。要是誰沒有剪指甲，就要記一小過。仔細想想，爲了指甲記過，實在冤枉。可是，如果不這樣處罰，大家都會忘記剪指甲，指甲長得很長，很髒。

社會上有很多人不講信義，專門自己占便宜，教人家吃虧。這種人太不道德。可是誰來處罰他們呢？沒有。既然沒有人處罰他們，他們這樣的人就愈來愈多。牧師常說：

「人心太壞了，天上早晚要下來一團大火，把一城一城的人都燒死。」爲甚麼呢？爲的是給這些人一個嚴重警告？

那個商人是個不守信義的人。他既然不講信義，就叫漁人來懲罰他。漁人對他的處罰太厲害了一點，那也沒辦法，爲的是給別人一個警告。否則，世界上壞人愈來愈多，就非用天火來燒不可了。

三

「我爲甚麼把這三篇作文選出來給你們看呢？」楊老師說他的理由：

第一篇，它的思想骨架是「有力量救人的人，應該去救無力自保的人。漁人有力量救一個落水的人，商人落水後無力自保，所以漁人應該去救商人。」整篇文章，根據這個骨架排布而成。這篇文章，在一開頭的地方，就說自己的結論來了：「我認爲他應該去救那個商人。」先下結論，然後再說理由。古人稱這種寫法叫開門見山，今人稱這種寫法叫判決書式。法院裡的判決書，總是先寫「主文」，再寫理由。在教科書裡面，有些課文是這樣寫的。像：

天下事有難易乎？爲之，則難者亦易矣。不爲，則易者亦難矣！——彭端淑，先提出結論。

自由並不是混亂，民主是一種組織。——陶希聖，先提出結論。

第二篇文章，思想骨架是「罪與罰應該相稱，犯詐欺罪的人不該死，所以漁人不該置商人於死地。」這篇文章的寫法，是先說一個故事。這個故事，好像跟題目沒有關係，其實作者的結論，早已藏在裡面了，彭端淑的「爲學一首示子姪」也是這樣寫成的，只不過把故事放在文章的中段罷了。

第三篇文章的思想骨架，是「輕罪重罰，可儆效尤。商人的罪雖然輕，但是罰不妨從重。所以漁人可以不救商人。」這有點「治亂世用重典」的意味。作者「輕罪重罰可儆效尤」的想法從哪裡來的呢？從升旗來的，從剪指甲來的，換句話說，是歸納得來。他歸納得到這個結論，再用這個結論去解決「漁人是不是該救商人」的問題。

楊老師提高聲音說：

「這些不談，我下面要提醒你們，在論說文裡面比喻也是很重要的東西。在第一篇文章裡有很多比喻，這些比喻是我加進去的，我要你們看一看，有了這些比喻，是不是說理更明白流暢一些？讀起來更親切生動一些？」

他把第一篇作文裡的「比喻」寫在黑板上：

1. 船是他的家，那條河是他們的公路。
2. 那些漁人，就是古代的救生員。

楊先生繼續說：「第二篇呢，用比喻用得更好。作者在前面先說一個故事。這個故事的本身，就是個比喻。有了這個大比喻，我們就可以添上後面的小比喻。我們可以說漁人是法官，說河岸是法院，說讀者是旁聽席上的聽眾。事理的是非曲直好像襯托得更顯明了。」

「然而，怎樣用比喻呢？」楊先生把那天晚上所想到的，大略說了一遍。

當然，他一定會強調國文課本裡現有的比喻：

教科書裡有很多故事，教科書的編輯委員知道你們愛聽故事，不過，你們不是爲了聽故事而聽故事，是爲了寫論說文找比喻而聽故事。你看：

琴涵：酸橘子。國中國文第三冊。

作者說，他買來的橘子很酸，只好擱在一邊不吃。一個星期以後再剝一個嘗嘗，居然甜得很！水果摘下來，需要經過一個果熟期。

他由「果熟期」說到少年人對愛情的態度，愛情的果實也要到了時候再吃才甜美。

岳飛：良馬對。國中國文第四冊。

岳飛說他本來有一匹良馬，養良馬需要很高的條件，現在他只有一匹普通的馬，以很低的條件就可以飼養，但是，需要良馬的時候，絕非普通的馬可以代替。

岳飛的意思是說，領袖對傑出的人才和平庸的人，要不同的對待。

國中國文第五冊，劉蓉習慣說：他的書房地面不平，每逢走到低凹的地方，都有幾乎跌倒的感覺，時間一久，也習慣了。後來，他把窪處塡平，恢復正常，走上去反而嚇一跳，幾乎被絆倒，再過一段時間，又習慣了。

他說完這件事情以後感歎：習之中人甚矣哉！故君子之學貴慎始。

岳飛的「良馬對」和琴涵的「酸橘子」都有比喻的功能。木蘭辭的結尾：「雄兔腳撲朔，雌兔眼迷離，兩兔傍地走，安能辨我是雄雌？」也是一個比喻。你可以用比較長的一段文字說一個比喻，也可以用很簡短的文句設置一個比喻，下面的例子，也都是從國文教科書裡摘出來的：

春天像小姑娘，花枝招展的笑著走著。

山不在高，有仙則名。水不在深，有龍則靈。

倘使我們遭逢到突然的禍害災難或失敗，不妨把它看成一場雷電交加的狂風暴雨。

沒有國的人是沒有根的草。

平穩的道路通向平穩的終程，崎嶇的道路卻往往通向璀璨的前途。

有時候，比喻可以是一個字、一個詞，用了它，整個句子立刻生動許多。

我喜歡那些像鐘一般準時出現的小販的叫賣聲。（鐘）

若是大家都要享福不肯吃苦，享福等於泡影。（泡影）

自帝王政治演進爲議會政治與輿論政治，是堂堂大道。（大道）

我們這個世界上每個人都是短暫的過客。（過客）

不要讓俗務的鎖鍊束縛了它，不要使情緒的浪潮淹沒了它。（鎖鍊，浪潮）

民國元年那一次，正是他第一次下政治舞台。（舞台）

好像賽球一般因競勝而得快感。（賽球）

最後，楊先生說：「有一件事情，我幾乎忘了告訴你們。這次作文，有一位同學寫得很特別。他說，他不知道漁人到底該不該再去救那個商人，想過來，好像應該去救，再想過去，好像又不該去救。他說，他不能決定，別人討論這個問題的時候，他打算做個中立派。」

說得大家都笑起來。

「對這樣的中立派，好有一比，比做什麼？」

「牆頭草！」一個同學說。

「蝙蝠！」又一個同學說。

反問

一

有一天下午，楊先生經過訓導處，聽見訓導主任正在「訓」一個學生：

「你身高一米五，還算不算是小孩子？上學讀書，應該遲到早退，上課應該打瞌睡，是不是？月考成績，有四門重要的功課不及格，心裡高興嗎？成績單拿回家去了，不敢給父母看，劃一根火柴燒掉，問題就算解決了嗎？你這樣下去，將來能做什麼？做工人，你有力氣嗎？做乞丐，你的腿斷了嗎？什麼都做不成，去做小流氓嗎？」

停了一下，訓導主任又把一連串的問號，朝那個學生的頭上轟去：

「你將來想做甚麼？做流氓嗎？做乞丐嗎？月考應該不應該及格？成績單應該不應該拿給父母看？上課應該不應該打瞌睡？上學應該不應該早退？你來騙誰？爲甚麼要欺騙？爲甚麼不誠實？我們天天過愚人節，是不是？」

那個受責備的學生一面垂頭喪氣，一面又得挺直雙腿，自肩以下保持立正姿勢，那樣子，看上去有點可笑。他對訓導主任提出來的問題，一概不敢回答，這不僅是在禮貌上不許回答，同時也因爲每一個問題的答案對他自己都不利。訓導主任呢，他顯然覺得責罵學生不是一件輕鬆的事情，他得想出很多難聽的話來，使那個學生羞愧、難過，卻又不能失去教師的風度。他向那個學生提出一連串問題，這些問題，在他是明知故問，發問的目的，不在得到答案，而在利用反問的方式，表達自己的意見，完成他對那個學生的批判。

聽見訓導主任「訓」學生，楊先生想起他最近所看的一場電影。電影的主要場面，是法庭開審的情形。爲了一件謀殺案，原告檢察官和被告的辯護律師，雙方唇槍舌劍，不過檢察官和律師並不直接辯論，他們輪流盤問證人。他們努力把對方的證人「問倒」，好顯出對方理屈，自己理直。那律師或檢察官，都利用反問的方式，表達自己的意見，完成對那個證人的批判。楊先生還記得有一場對白是這樣的：

律師（低聲）：我的話，你聽得清楚嗎？

原告證人：你說甚麼？

律師（聲音更低）：現在能聽清楚嗎？

原告證人：啊？什麼？

律師（提高聲音）：你的耳朵有毛病嗎？

原告證人：有一點毛病，不過，它並不妨礙我。

律師：你說，女主人被人殺死的那天晚上，你聽見女主人房裡有一個男人，兩個人有說有笑，是嗎？

原告證人；是的。

律師：那個男人，你認爲就是被告，是嗎？

原告證人：是的。

律師：你住在主人家裡？

原告證人；是的。

律師：女主人住在樓上，你住在樓下廚房旁邊？

原告證人：是的。

律師：樓上有人講話，你能聽得出是誰的聲音？

原告證人：沒有別人可以跟女主人那樣談笑。

律師：那是甚麼的談笑？一種有愛情在內的談笑？

原告證人：我想是的。

律師：那天晚上，也就是女主人死前，你是幾點幾分聽見樓上有談笑的聲音？

原告證人：九點三十分左右。

律師：電視公司有沒有一個節目，叫「可愛的家庭」？

原告證人：有。

律師：這個節目，在晚上九點廿分到九點四十分播出。你怎知道那天晚上樓上談笑的聲音，不是女主人獨自收看這個節目？

原告證人：…………

從電影上看，英美司法審判主要的過程，就是雙方互相盤問對方的證人，利用反問的方式推倒對方的證詞。在那種司法制度下，律師和檢察官都磨鍊發問的技巧，把自己的一套理由分解成若干問號。這和訓導主任「訓」學生的方式，眞有異曲同工之妙。

吃晚飯的時候，楊先生聽見飯桌上有人主張女孩子只要識字就行了，不必受高等教育。他立刻想到，對於「女孩子不應受高等教育」之說，可以用一連串的反問來表示批評。例如：女孩子沒有眼睛嗎？女孩子沒有智力嗎？醫院裡不要女醫生嗎？學校裡不要女教師嗎？居里夫人不是女人嗎？吳健雄不是女人嗎？……

二

一連幾天，社會上都在討論「免試常識」的問題。國校畢業生升初中，本來要考三種功課：國語、算術、常識；後來，教育當局覺得孩子們的課業負擔太重，決定初中入學考試不考常識，這樣，孩子的課業負擔是減輕了，可是有些國民學校因此不重視常識教學，甚至根本不教常識。於是有人憂慮，免試常識的結果將使第二代都沒有常識。一國國民沒有常識，如何立國？因此，有人認爲免試常識的結果是動搖國本。

楊先生打開收音機，正好聽見裡面討論免試常識和國本的問題。這個節目主持人，好像不同意「免試常識足以動搖國本」的說法，可是，他沒有成篇成套的說出自己的理由，他只問了對方幾個問題，就把自己的主張表示得明明白白。楊先生覺得廣播中的那一段談話很不錯，可惜來不及記下來，好在他認識這位節目主持人，就立刻寫了一封信去稱讚這段談話稿。過了幾天，談話稿寄來了，內容是這樣的：

客：王先生，你贊成不贊成恢復常識考試？

主：你是說，初中入學考試要不要考常識？

客：是呀。

主：我看，照現在的情形，還是不要考常識。

客：不行！怎麼可以不考常識？不考常識，國民學校裡就不教常識，學生都沒有常識，國民學校的學生沒有常識，將來第二代國民都沒有常識，你想想看，一個國家的人都沒有常識，那個國家還能存在嗎？免試常識不是動搖國本嗎？

主：李先生，你的意思是說，國民學校裡的常識教科書，一定要教，是嗎？

客：是的。

主：你是說，爲了要他們切切實實的教，升學的時候一定得好好的考？是嗎？

客：是的！

主：如果不教，不考，誰也不知道常識教科書裡面是甚麼，那就要動搖國本，是嗎？

客：當然！

主：李先生，我這裡有一本常識教科書，是國民學校的讀本。這本書問：諾貝爾獎金是由那一年開始的？您知道嗎？

客：這，我倒不知道。

主：中國的海岸線一共有多長？北邊從那裡開始？南邊到那裡結束？

客：我忘了。

主：電池有三種，第一種是甚麼？第二種是甚麼？第三種又是甚麼？南洋群島一共有多少華僑？二次大戰以後幾個國家獨立？義大利的教堂很多，那一座教堂有名？元朝的鐵木眞原來住在那座山上？

客：我不信會有這樣的問題，你跟我開玩笑！

主：李先生，教科書在這裡，這些問題的答案，我也背不出來。請問你，你現在覺得國本動搖了嗎？

除了代抄原稿以外，節目主持人還寫給楊先生一封信，提出一個「反拜託」。這位節目主持人接到了聽眾方先生的一封信，這位聽眾很年輕，他說，他對女孩子一點興趣也沒有，一向不愛跟她們打交道，甚至連看她們一眼都不願意看，於是，女孩子都批評他驕傲，說他不通人情。他寫信向節目主持人請教，問應該怎麼辦，節目主持人轉向楊先生請教，請他代寫一篇答覆的話。楊先生想了一想，寫的是：

有一位方先生寫信給我，寫得很有意思。他說，他對小姐們一點興趣都沒有，他見了小姐，不但不愛跟她們說話，連看都不愛看一眼。他的態度既然如此，小姐們對他的態度當然很不友善，有時候，這位方先生覺得也很煩惱。大概有一天，在他覺得煩惱的時候，就寫給我一封信。

站在方先生這方面來說，他大概是個很有道德的君子，一向「非禮勿視」。其實，這種想法太迂了。照我們新的道德標準，方先生遇見了他順眼的女子，儘可以大大方方的看她一眼。小姐是很歡迎你看她的。你想想看，我們男人出門，打一根領帶就走，小姐們出門要對著鏡子「刀尺」半天。她爲甚麼那樣不怕費事，還不是爲了給你看？你不看她，豈不是枉費她一片苦心？當然，看她的時候要大大方方的看，要用善意的眼光看。有人看小姐的時候，兩眼發直，嘴角幾乎要流口水，那當然是很不雅的。

在我看來，方先生似乎缺少一種能力，就是跟女性相處的能力。社會上有很多男人認爲女性很難相處，跟女性在一塊的時候，他覺得很受委屈。他覺得在女子面前轉來轉去是很無聊的舉動，從女子身旁走開，離女人遠一點，才比較舒服。這種舒服是眞舒服嗎？不是，事後想想，又眞不舒服。這樣的男人，可以活得很孤單，往往很遲、很遲還不能結婚。我奉勸方先生培養一種能力，就是跟女性相處的能力。方先生，你如果有女同事、女鄰居，你如果碰見女店員、女理髮師，請你用平常的態度對待她們。她們既不是天仙，也不是妖怪，她們也是人。你不必緊張，不必害羞，更不必不耐煩，你不一定要故意奉承她們，可是也不必故意躲著她們，你不必故意看她們，可是也不必故意「不」看她們。

寫好以後，楊先生忽然想起：爲甚麼不用反問的語氣寫呢？他另外拿一張稿紙，從第二段起改寫：

方先生，你是主張「非禮勿視」的嗎？
你覺得，男孩子不應該看女孩子，是嗎？
請你告訴我，爲甚麼不應該？
他們不漂亮嗎？不可愛嗎？
她們是妖怪嗎？是神仙嗎？
女孩子在出門以前，對著鏡子收拾半天，她是爲了甚麼？
如果大大方方的看她一眼，你覺得有困難嗎？
如果平平常常的跟她談幾句話，你覺得很困難嗎？

你是在故意躲起來不看她們嗎？

大大方方的看她一眼，或者平平常常的跟她們說幾句話，是對她們的一種欣賞，一種禮貌。這話你贊成嗎？

封寄這篇文稿的時候，楊先生覺得可以下一句結論，那就是：說明事理可以用反問的手段。「人生自古誰無死？」就是說人皆有死。「肯把功名付俗流？」意思就是不肯。「相去幾何？」意思是差別很少。「何可廢也？」就是不能廢除。「舊生活，豈不全是枯燥的嗎？」是！「豈不全是退化的嗎？」是！

三

楊先生是個「中庸」的人，不願意提倡這種一路問到底的寫法。他的習慣是，找一些極端的例子，證明這辦法是可行的，然後拿這個辦法作有限度的使用。

在論說文裡面用反問的語句，可以使文章出現聳拔的氣勢，使讀者特別注意。不過，在他看來，反問的語句，只要應用一兩句就好。像下面的這些例子：

單是瞧牠們婆娑輕舞，或是嬌憨的搖著扇子招牠們來，不是較戲弄他們更有趣味、更覺得可愛嗎？（陳醉雲：蟬與螢。國中國文第一冊）。

就以人來說，又何嘗不是如此？（宋晶宜：雅量。國中國文第一冊）。

今天的事推到明天，明天又推到後天，一天一天推下去，我們還有做成功的時候嗎？（甘績瑞：從今天起。國中國文第一冊）。

至於犬馬，皆能有養，不敬何以別乎？（論語：國中國文第一冊）。

一問一答，自問自答，或是只問不答，是文章常見的句法。先問後答可以引起讀者的注意，只問不答可以觸發讀者的思考。還有，問的時候，好像語氣忽然提高了，答的時候，好像速度會慢下來，這就是「抑揚頓挫」。

像下面的例子：

什麼叫做大事呢？大概的說，無論那一件事，只要從頭到尾徹底做成功，便是大事。（孫文：立志做大事。國中國文第二冊）。

人生什麼事最苦呢？貧嗎？不是。失意嗎？不是。老嗎？死嗎？都不是。我說人生最苦的事，莫過於身上背著未了的責任。（梁啓超：最苦與最樂。國中國文第二冊）。

天下事有難易乎？爲之，則難者亦易矣；不爲，則易者亦難矣。（彭端淑：爲學一首示子姪。國中國文第三冊)。

倘若有人問我:百行什麼為先?萬惡什麼為首?我一點不遲疑的回答:百行業為先,萬惡懶為首。(梁啓超:最苦與最樂。國中國文第六冊)。

在尋找這些例證的時候,楊先生又在很多論文裡面,發現自問自答的情形。「風俗之厚薄奚自乎?自乎一二人之心所嚮而已。」「多乎哉?不多也。」「母貴則子何以貴?子以母貴,母以子貴。」「我們生在哪一個時代?我們生在現代。現代的人,還相信香灰可以治病嗎?我們的答覆是:不相信。」「我們爲甚麼肯吃苦?我們爲甚麼不灰心?無非是爲了追求那個光明的遠景。」這種自問自答的寫法,富有對話的趣味,好像作者把讀者請來當面交談一樣。當然,這種自問自答的辦法,楊先生也反對多用。在一篇論說文裡面,只要有兩三處也就夠了。

楊先生相信他又找到了寫論文的一個方法。楊先生想起來,當初他說論說文的句子是一些「是非法」的句子,曾有學生提出疑問,認為論說文裡面有很多句子並不合乎是非法。現在,他可以綜合回答,那是因爲下面幾個原因:

1. 寫論說文的人,要找一些證據來支持自己的「是非」,在敘述證據的時候,其中有些句子不需要是非法。

2.寫論說文的人，有時要用一個小故事來啓發讀者，他在講故事的時候，可以暫時拋開是非法。

3.寫論說文的人，有時需要用一段描寫來打動讀者，描寫時用不著是非法。

4.寫論說文的人，有時用詩人的口來說話，詩句不用是非法。

5.寫論說文的人，有時用反問的口吻說話，反問的句子不合是非法。

如果沒有這五種辦法，論說文未免枯瘦乾燥，不能充分發揮它的效用，有了這五種辦法，骨骼已隱藏在血肉髮膚之內，而髮膚之外又經過適當的化妝。

說到反問的句法，絕不高深隱秘，學生們早已在使用了。吳強就寫過「他們也都有短處，幹嗎要那麼驕傲呢？」古仁風就寫過：「如果不體罰學生，要籐條做甚麼？」龔玫就寫過：「假使你走在路上，看見地上有一捲鈔票，它明明是別人遺失的東西，你打算怎麼辦？掉頭不顧而去嗎？把它拿回自己家中嗎？想辦法使丟錢的人再找到它嗎？」反問，用反問的語氣表示肯定的態度，原是人類語言中已有的技能。學生以前把這種能力用在論說文中，是不自覺的，如果加以點破，就可以由無意識的使用，變成有意識的運用了。

補習

一

升學競爭愈來愈劇烈，每一位家長，都希望他的子女能在考場上擊敗別人，進入理想的學校。由各學校組成的考試委員會，爲了使名落孫山的考生心服，在出題的時候費盡心思；而準備應考的學生，爲了攻破這一座堅強的堡壘，天天努力充實自己的學力。學生跟學生之間在競爭，學生跟考試委員會之間也像在競爭。在這種尖銳無情的競爭下，正規的學校教育不夠應付，「補習班」應時而生。補習班的教學是專門針對著升學考試而設計的，升學考試如果是一場戰爭，「補習」就是戰爭前的參謀作業。

一天，天助補習班的主任朱先生來拜訪楊老師，寒暄過後，朱主任說明來意：「楊兄！我想請你到我們補習班兼點課。」

「你想叫我教什麼？」

「我想新開一門課程，叫作文研究，由你來擔任，你看好不好？」

「作文怎樣研究呢？我從來沒有想過！」楊老師說。

「楊兄！所謂作文研究，就是文章作法。」朱主任急忙解釋。

「爲什麼不叫文章作法呢？」

「我覺得，作文研究四個字的氣派比較大。」

「好吧，」楊先生說。「我們先來研究研究：這門課怎麼個教法？」

「現在的學生，不怕寫抒情文，最怕寫論說文。年輕人，情感都很豐富，傷春悲秋，無論如何可以寫幾句；論說文要有見解，就難住了他們。現在考試偏偏喜歡出論說題，我們補習班很想加強這方面的教學，作文研究其實就是論說文作法。老兄，你看這個構想有價值沒有？」

楊先生說：「對我很有價值，我可以賺到鐘點費。」

兩人哈哈一笑，就算談妥了。

第二天到補習班上課，楊先生看見教室裡坐滿了學生，知道需要來「研究」作文的人很多。他走到講臺上，先來一段開場白：

「朱主任對我說，你們寫抒情文都寫得很好，你們寫論說文都寫得不好，你們都想暫時放下抒情文，研究研究論說文。本來，一個人如果喜歡抒情文，就該去抒情，一個人如果不喜歡論說文，大可以不論不說。可是你們沒有這個自由，你們要升學，要考試，考試委員常常出論說題，你們不得不在考前研究論說文。」

「要寫抒情文，得先會歎氣，要寫論說文，得先會抬槓。會歎氣的人很可愛，他在那兒輕輕歎一口氣，你覺得他有點軟弱，有點溫柔，如果他在那兒跟你抬槓，你說臺北市的公共汽車辦得好，他偏說很糟；你說中國電影不進步，他偏說進步很大，你覺得這個人眞彆扭。抒情的人去看晚霞，看杜鵑花，看女朋友的眉毛，寫論說文的人不看這些，去看你做的對不對，他做的對不對，孟子說的對不對。你們放下自己喜歡的抒情文，來學自己不喜歡的論說文，很可能減少了你可愛的地方。這是你們的冒險。在今天的情勢下，你們也許覺得，寧可做一個在考場上勝利而未必可愛的人，不願做一個在考場上失敗而可愛的人。」

「我們應該怎樣寫論文呢？論說文跟抒情文的分別在哪裡呢？我的答案是：論說文的句子，是一種『是非法』的句子。——」

講到這裡，楊先生看見後排有幾張面孔笑瞇瞇的，怎麼看上去這幾張臉孔很熟？可不是嗎，那是金善葆呀，劉保成呀，趙華呀，呂竹年呀，吳強呀。他第一次看見吳強的笑容。原來這些人也來參加補習！

二

在補習班講課的時候，楊先生把論說文的寫法列成下面的條文：

1. 用「是非法」的句子組成骨幹。
2. 爲這個「是非」找兩個以上的證據。
3. 如果可能，準備一個小故事。
4. 如果可能，準備一兩位權威的話。
5. 如果需要，準備一些詩句。
6. 如果需要，準備使用描寫，比喻。
7. 偶然用反問的語氣。
8. 偶然用感歎的語氣。

楊先生的第一篇「示例」是「法古今完人」。先把骨幹建立起來：

古代有一些人有完美的人格，值得後人效法。現代也有一些人，有完美的人格，值得後人效法。效法那些人格完美的人，可以使我們的人格減少缺點，進而達到完美的境地。

再找兩個證據。

1. 唐代王義方的母親，效法漢代王陵的母親，成爲賢母。
2. 顏眞卿效法他的哥哥顏杲卿，成爲忠臣。

準備一個小故事：

《西潮》裡面關於抗日的小故事。

準備引用「權威」：

「養天地正氣，法古今完人」。

準備引用詩句：

「爲嚴將軍頭，爲嵇侍中血」。

反問的語氣：

1. 庸庸碌碌的一生能滿足我們嗎？

2. 如果文天祥只佩服自私自利的人物，他還能在國家危難的時候奮不顧身嗎？

感歎的口吻：

1. 多麼悲壯啊！

2. 眞是痛苦極了！

下面是根據這些資料寫成的文章：

歷史上很多人的人格很完美，使後人感動，使後人羨慕，更使後人立志效法他們。《西潮》裡面有個小故事，很有意思。中國在對日抗戰初期，犧牲很大，民心士氣卻非常高昂。蔣夢麟先生看見一個小孩子拿著半截竹竿跟一棵大樹作戰，這孩子從四面攻打那棵樹，最後躺在地上說：「我要死了！日本人把我打死了！」看！前方將士英勇的精神，這樣強烈的感染著後方的人民。

無論在古代、當代，完美的人格都能這樣有力的影響別人，誰受到這影響，誰就有希望做出同樣偉大崇高的行爲，使自己的人格也接近完美的境地。唐代的王義方想彈劾奸臣，又怕奸臣向他報復連累母親受苦。他的母親知道了兒子的心事，就慨然說：「從前，王陵的母親要王陵專心爲漢家立功，要兒子永遠不必顧慮母親的安全，就自殺而死。現在，我的兒子可以比得上王陵，我這個母親也比得上王陵的母親！」她勉勵王義方放膽去爲民族盡大孝。王陵的母親是賢母，王義方的母親效法她，也成爲賢母。

在唐代，李希烈造反，強迫顏眞卿投降。顏眞卿想起了自己的哥哥顏杲卿，顏杲卿被安祿山捉去的時候，不但不肯投降，還大罵安祿山是奸賊，寧可被安祿山殺死。顏眞卿向他的哥哥學習，他同樣不屈服，同樣寧願犧牲。他也和哥哥同樣成了忠勇愛國的名臣。

做一個平庸的人是很容易的，可是庸庸碌碌的一生能滿足我們嗎？我們需要一種力量來脫離平凡的境界，變成有光有熱有貢獻的人。古今完人能給我們這種精神力量。試想王義方的母親寧願不顧全家的生命安全，內心眞是痛苦極了！全靠王陵的母親在支持她。顏眞卿寧願死不降賊，是多麼悲壯！顏杲卿能增加他的勇氣。文天祥是我們的偉大榜樣，可是在文天祥心目中，他也有自己的榜樣，那就是「爲嚴將軍頭，爲嵇侍中血」，正氣歌裡面的那一長串的典故。如果文天祥只佩服自私自利的人物，他還能在國家危難時奮不顧身嗎？我們也該找一些完美的人格做榜樣，我們也需要那種精神力量吸引我們奮發向上。我們一旦確實得到這力量，就能減少人格上的缺點，甚至能創造一個完美的人格，使後人感動，使後人羡慕和模仿。

「養天地正氣，法古今完人」。我們拿這句名言來勉勵自己吧！

三

這種「作文研究」不需要講義，也沒有作業。上課以前，教師先「研究」作文題目，把招生委員會最可能出的題目開一張清單，告訴學生這個題目怎樣寫，那個題目怎樣寫，向學生提供許多資料。這些資料，有時候對另一個作文題也能適用，——例如顏眞卿的事，「法古今完人」裡面可以用，換一個題目「談模仿」未嘗不可以用；《西潮》裡面的小故事，寫「法古今完人」可以用，寫「民族精神教育的重要」又未嘗不可以用。下課以後，學生「研究」自己的筆記，熟記這些資料，思索它們對別的題目有沒有用處。楊老師講「作文研究」，根據他的「楊八條」來搜集資料，不過到了第二次去上課的時候，他對學生說：

「那個所謂楊八條，並不是一條也不能缺少。一篇論說文，不一定要有反問的語氣、感歎的口吻，不一定非用描寫、譬喻不可，不一定要引詩，更不一定要穿插故事。這些都是可有可無的。大體說來，你的論說文必須有個思想骨架，必須找出兩個、三個證據，這兩項頂要緊，其餘幾項，在不得已的時候可以減少。」

爲了使學生知道「死法活用」，他特地選了另一篇文章「談守時」：

「燕子去了，有再來的時候；桃花謝了，有再開的時候；可是，聰明的你，請你告訴我，爲什麼光陰一去不復返呢？」

這一段話，是五四時代的一位文藝作家，在一篇散文裡面所發出來的感歎。是的，光陰一去是不會回來，不是原來的燕子，桃花再開，不是去年的桃花，因爲光陰一去是不會回來的。

光陰既然一去不回，我們就要愛惜光陰，時間既然一去不回，我們就要把握時間。西洋人說得好：時間就是生命。

爲了愛惜光陰，把握時間，我們都該遵守時間，如果不能遵守時間，很多時間就要白白的浪費。浪費時間就是浪費生命。

由於不能遵守時間，以致浪費了時間、生命，這樣的例子是很多的，比方說，開會。在民主社會裡面，凡事需要商量協調，開會的機會很多；可是，會議多半不能按照時間開始，按照時間結束。七點鐘開會，八點鐘到齊，是很流行的俏皮話。開會的時間到了，只見會議室裡面，小貓三隻四隻在嗑瓜子打發時間。開會的人要陸陸續續的來。會議既然不能按時開始，也就當然不能按時結束。預定七點開會，九點結束，極可能是八點開始，十點結束。開會以前，大家損失了一個鐘頭，開會以後，大家又損失了一個鐘頭。

有的人沒開過會，但是常常參加朋友的婚禮。結婚典禮總是不能準時開始。讓我們回憶一下：請帖上寫五點觀禮，有在準五點行禮的沒有？請帖上寫六點入席，有在準六點入席的沒有？似乎沒有。很難碰到這樣守時的新郎、新娘。客人知道你不會準時開始，也就不按時間來，辦喜事的人明明知道你不會準時來，更不按時間開始。這樣互爲因果。參加一次婚禮，通常要花掉你三個小時，在這三個小時裡面，觀禮不過用掉二十分鐘，吃飯不過用掉一個小時，合起來，不到一個半小時，其餘的一大半時間，都在鬧哄哄的氣氛中混過去了，眞是可惜。

還有一件不守時間的事情，就是男女約會。如果某先生晚上八點鐘約某小姐喝茶，他能在八點鐘見到那位小姐嗎？不能。他能在八點半見到那位小姐，就是運氣很好。說不定，他得等到九點。由八點到九點，這一個鐘頭是浪費。那位望穿秋水的先生，坐也不是，站也不是，心亂如麻。他穿得整整齊齊的，西裝很挺，襯衫很白，皮鞋很亮，領帶的顏色很鮮艷，獨自一個在那兒東張西望。我們到處可以看見這樣的人。在車站旁邊，在公園門口，在茶座上，到處都有。當你遇見這樣一個人的時候，你可以知道，可憐，有一個女郎在殺死他的時間。

時間就是生命。時間不能浪費。不要隨便糟蹋自己的時間，也不要隨便糟蹋人家的時間。愛惜時間，可以從守時做起。所以，我們在這兒呼籲：遵守時間！遵守時間！第三個還是遵守時間！如果人人都能遵守時間，這個社會會更可愛一些。如果人人遵守時間，我們可以多出不少的光陰，等於一星期有八天。嫌日子太長的人當然無所謂，如果我們覺得光陰可貴，如果覺得光陰可惜，那就實在不能不考慮這個問題。

楊先生說：「這篇談守時，沒有故事，沒有詩，它仍然算是一篇像樣的論說文。」

楊先生又說：「這篇文章，引用了一家雜誌上的統計，又引用了一句『時間就是生命』，算是引用『權威』。這篇文章形容會議室裡面很冷落，說是小貓三隻四隻嗑瓜子；

說那些等女朋友的人穿得整整齊齊，西裝很挺，襯衫很白，皮鞋很亮，領帶的顏色很鮮艷，算是用了描寫。這篇文章用過反問的語氣：有在準五點行禮的沒有？他能在八點鐘見到那位小姐嗎？這篇文章也用過感歎的口吻：可憐，有一個女郎在殺死他的時間。這些都不是最重要的。」

什麼纔是最重要的呢？楊先生說：「這篇談守時有一個骨架，那就是：守時可以把握時間，不守時就會浪費時間。我們要把握時間，不可浪費時間，所以應該守時。為支撐這個骨架，它舉了三個例證：會議、婚禮、男女約會。這三件事都不容易遵守時間，都最容易浪費時間，這些東西是這篇談守時的主要內容，詩句、比喻、反問、感歎，不過是增加文字對讀者的吸引力。」

對這篇文章，楊先生還有一番叮囑。他說：

「這篇談守時所舉的例證都是反面的，它們證明不守時的壞處。不守時既然有壞處，守時當然有好處，這是反證的功用。反證有時候不可靠，只有反面的例證，沒有正面的例證，本來算不得好文章。不過，你們將來參加考試的時候，也許考運不好，碰上一個不如意的題目，你連半個證據也想不出來。你當然不能繳白卷，只好往反面想，用反面的例證來救急。

這篇談守時，開頭先引了一段抒情文，將來你們在試場裡寫論說文，萬萬不可以引別人抒情的文章來開頭，甚至不可以在開頭的地方用感歎的句子。放在末尾是可以的。閱卷的先生們，一天要看幾百份卷子，爲在這個環境中工作的人設想，他打開一份作文卷子，首先看見一段抒情文，他也許認爲你把論說題寫成抒情文，不想再看下去了；他也許誤會你在抄朱自清的文章充數，不必再看下去了。這種誤會，眞是要命的誤會，我們要幫助閱卷人避免發生這種誤會。」

四

補習班裡的學生時時注意各著名學校裡的考試題目，他們在沒有考進這些學校的時候，就先分享其中的學生的快樂與緊張。這天，某校作文比賽，題目是「助人爲快樂之本」。補習班把這個題目告訴學生，學生紛紛討論這個題目的寫法。金善葆他們幾個人跑到楊老師的住所來，想聽聽老師的意見。

楊老師說：「聽見這個題目，我立刻想到古人的一句話：爲善最樂。」

「證據呢？我們不知道歷史上有什麼證據。」

「可以不找歷史證據，這個題目的性質不同。有些題目非用歷史證據不可，像『多難興邦』。有些題目，特別需要引用權威來當做證據，例如『吸煙對健康有害嗎？』還有一種題目，作者可以向自己的生活經驗中找例證，『談守時』就是，『助人爲快樂之本』

也是。你們有幫助別人的經驗嗎？」

「我們的年紀這樣小，哪有力量幫助別人呢！」

「不，你們在年紀更小的時候就幫助別人了。你們不是做過童子軍嗎？童子軍要日行一善。你們在扶老太太過馬路的時候，不是很快樂嗎？一個騎腳踏車的人，不知道他放在車子後面的東西掉在地上，你提醒他：『喂！東西丟了！』看著他拾回去，不是很快樂嗎？你們到廣場散步的時候，都喜歡撒一包飼料給鴿子吃，你們在看花的時候，都喜歡澆一點水到花圃裡，這就是因爲你們要幫助那鴿子、那花啊！」

「我們覺得助人快樂，別人是不是也認爲助人快樂呢？」

「所以要找大家的共同經驗做例證。所謂大家的共同經驗，就是成語所說的人同此心，心同此理。你在論說文裡面，不能告訴人家臭豆腐是最好吃的東西。吃臭豆腐是你個人的嗜好。能夠在論說文裡面作證的，最好是眾人的共識，不是個人的偏愛。」

「老師，有故事沒有？」

應該有，有很多，如果一時找不到，先自己編一個。

有一種方法叫「故事新編」，把從前的故事拿來改造一下。比方說，西施很美，東施不夠美，東施常常想，怎麼樣能趕上西施才好。東施認爲，女人求美一定得打扮化妝，她花很多錢買最新款式的衣服，買各種名牌的化妝品，盡心學習化妝的技巧，即使不出門，也整整齊齊，該紅的地方紅，該白的地方白。

西施呢，並不畫眼線，也不裝假睫毛，衣服是普通質料，上面也沒有珍珠寶石。可是她臉色開朗溫潤，聲音響亮和悅，氣質引人向上。看上去，不管甚麼時候、甚麼地方，都是西施比東施美。

東施每天研究時裝，每天打算怎麼賺錢買貴重的化妝品。西施呢，她參加公益團體做義工，每逢周末去教孤兒院的孩子唱歌，去替孤苦的老人打掃房間，去學習做陶器，賣掉陶器去救遠遠近近的難民。她和那些志同道合的朋友天天笑口常開，笑得那麼甜，那麼自然。

所以西施永遠美，每一個時期有每一個時期的美。「美」的祕訣在於喜樂，「喜樂」是世上最有效的美容劑，而得到喜樂的祕訣在於助人，「助人」是世上最可靠的養顏術。

辯論會

一

只有在上作文課的時候，才顯出國文教員的瀟灑悠閒。作文課的時間是兩小時，在這兩小時內，教師只需在黑板上寫一個題目，就可以自由利用剩下的時間。這天下午，每一位教師都在上課，都在忙碌，楊先生卻袖了手在球場上散步，偌大的校院裡只有他一個人，因爲他在上作文課。

當然，像楊先生這樣認眞教學的人，不會有眞正的悠閒。最近常常有學生向他訴苦，說自己對論說文的作法是知道了一點，可是沒有甚麼可寫的。他們來問老師：將來參加升學考試的時候，萬一看見作文題目覺得腦子裡空空洞洞的，那怎麼辦？楊先生幾乎答不上來。

「先生，麻煩你！」背後來了一個人。這是一個陌生人，夾著一個皮包，看他的神情不像家長，不像督學，也不像文具推銷員。大概是找人問路的吧，楊先生跟他點點頭。

「請問，貴校有個學生叫劉保成？」

劉保成，那是楊先生班上的學生呀。楊先生對這個陌生人開始發生興趣。

「我是大明汽車公司的稽查員。」陌生人說：「我們接到貴校學生劉保成的投書，公司特別派我來調查。」說著，打開皮包，把一封信拿出來。楊先生一看就知道是劉保成的字跡。這封信寫的是：

總經理先生：

我問您一個問題好不好？您們公司的車掌是幹甚麼的？是把人由車子上推下來的嗎？

你們公司登廣告，貼標語，說是要爲乘客服務。爲乘客服務，就不該把人由車上推下來。何況人被推倒在地上呢！何況外面在下雨呢！何況地上有水呢！何況我們要考試呢！

你們既然要爲乘客服務，車掌就該對人和和氣氣，等我們上了車再關門，等我們下了車再吹哨子，有人問路，好好告訴人家。總經理先生，對不對？

如果你們爲乘客服務，以後不許她再推人！

下面是劉保成具名，並且註明就讀的學校。

楊先生說：「這件事，訓導處可以幫你處理。」他把那位稽查員帶到訓導處去。一路上，稽查員嘮嘮叨叨的說：「本公司一向竭誠爲乘客服務。這封信，我們總經理非常重視，親自批交稽查處，兄弟專爲這件公事來貴校調查。我們希望能知道此事的詳細情形。有了出事的日期、地點、車輛班次、車掌號碼，本公司才好處理。本公司一向竭誠爲乘客服務……」

楊先生沒有注意聽身旁的嘮叨。他心裡在想：劉保成的論說文，一向不流暢；這次給汽車公司寫信，怎麼能寫得有板有眼、一氣呵成？固然，這封信有個大缺點，他沒有把車掌推人的經過「說」清楚。他應該先「說」後「論」，「說」是「論」的根本；只「論」不「說」，所「論」失去依據，讀來教人摸不著頭腦。不過單就所「論」的一部份來說，很教人對劉保成刮目相看了。

「車掌推人」究竟是怎麼回事，也不難想像得出來。劉保成是通學的學生，通學是很辛苦的事情，每天早晨六點多鐘就得去擠公共汽車。萬一下雨，每個學生都願意早點登車，車上車下擠得更厲害，完全談不到秩序。車廂已經裝滿了，應該關車門了，非登車不肯干休的人還在車門口絞成一個肉疙瘩。

這時候，車掌小姐的心裡是矛盾的：爲乘客著想，就該儘量裝人，爲公司著想，就該儘快開車。一旦效忠公司的心壓倒了同情乘客的心，她就伸出手來往下推，把塞在車門口的人推開。在那亂烘烘的情形下，難保沒有人跌倒，她就趁著你跌倒的時候，關上車門，哨子一吹，車子開得一溜煙。

被推的人當然非常氣憤，心裡氣憤的人，一定有許多意見要說。劉保成可能就是在這種情形下把論說文寫「通」的。

事後打聽，這猜測很接近事實。事實跟猜測只有一丁點兒差別：被車掌從門口推下來的，不是劉保成，是金善葆，而劉保成在旁邊看見這一切：金善葆跌在地上，滿身泥水，哭不出來。這可氣壞了劉保成；倘若他是中世紀的騎士，他早已躍馬挺矛往汽車衝去。二十世紀的劉保成，只能寫一封信到汽車公司去「講理」。

這件事提醒了楊先生：寫論說文也需要感情，沒有感情，仍然不成。起初，爲了使學生分別認識抒情文的腔調和論說文的句法，他曾經教他們使用自己的理智，理智的訓練有了基礎，應該再回到感情。

抒情文也好，論說文也好，都是胸中感情的出口，有人適合用這一個出口，有人適合用另一個出口，也有人兩個出口都可以隨意使用。他的論說文作法，正是替學生開鑿疏濬其中的一個出口，出口打通了，挖深了，修直了，接上那源頭活水。學生在作文課堂上接通源頭活水，有好成績，在升學考試的考試場接通源頭活水，是好福氣。所以考場上有個名詞：考運。

如果劉保成在考場上打開試卷一看，作文題目是「怎樣提高車掌的服務精神」，源頭活水立即洶湧待發，那就是他的考運好。可是別的考生怎樣處理這個題目呢？如果他既沒有被車掌推過，也沒有看見別人被車掌推過？如果劉保成碰到的題目不是「怎樣提高車掌的服務精神」，而是「論科學教育的重要性」，又怎麼辦呢？

二

「怎樣麼辦呢？」

楊先生在課堂上做出搔首踟躕的樣子。

「你面對一個作文題，覺得它太枯燥，覺得沒有甚麼可說的，你不想寫，懶得寫，而又非寫不可。怎麼辦呢？這時候你得提醒自己：我對這個題目沒有情感。我得培養一點情感。」

「你對車掌本來沒有意見，等你被車掌推下車來，立刻產生很多意見。你對門外賣冰的小販本來沒有意見，等你吃冰得了腸炎，立刻產生很多意見。你對鄰居聽收音機本來沒有意見，等他開收音機吵得你不能睡覺，你立刻有了意見。爲甚麼呢？因爲它們逼你，逼出你的情感，也逼出你的意見，你不能不說話。」

「你本來沒有被車掌推下車來，可是，在寫『提高車掌的服務精神』之前，你可以假設有一個車掌把誰推下車來，你彷彿見了那情景。你本來沒有得腸炎，可是，在寫『夏令的飲食衛生』之前，你可以假設有個賣冰的小販正在傳布病菌。你在寫『科學教育的重要』之前，先假想一個場面：沒有電燈，生了病去求神仙吃香灰，不知道五十里路以外發生的事，而人家的噴射機整天在咱們頭上飛。如果你能這樣想，你就會產生情感，有了情感，你就想說話。」

「軍事演習有所謂假想敵。前面明明沒有敵人，可是演習的時候假設前面有敵人。演習本來是假的，大家可能提不起勁來，所以要用假想敵來刺激大家的情感，使人人有敵愾心。

寫論說文，有時候也可以先樹立一個假想敵。『漁人可以不救賈人嗎？』如果你的主張是該救，那麼你假設你面前有一個人，他的主張是不救，你不贊成他的主張，非和他辯論不可。『爲甚麼要讀書？』如果這是一個作文題目，你在寫它之前，先對著它看，看，看，直到看出一個糊塗的爸爸，寧可叫他的兒子去放牛，不肯叫他的兒子入學，你同情他，也同情他的孩子，你覺得非把讀書的好處說出來不可。如果你能這樣想，你就想說話、想寫文章。」

停了一下，楊先生問：

「本校是男女合班的，你們認爲男女合班好，還是分班好？」

「合班好！」男生說。

「分班好！」女生一齊喊。

「你們贊成合班的人，已經有了假想敵，你們贊成分班的人，也有了假想敵。我也當然就有了作文題目：談男女合班。」

楊先生把題目寫在黑板上，回到辦公室裡去喝茶。過了一會兒，胡主任由外面進來，對楊先生說：「這一學期，預定要替學生安排一次辯論會，一直沒想出辯論的題目來。理想中的題目要有趣味，跟學生的生活有切身的關係，還要能夠不產生副作用。剛才我經過教室門口，看見老兄出的作文題，覺得很合乎我的要求，咱們就拿它做辯論題目好不好？」

楊先生說：「當然好……可是誰跟誰辯論呢？」

「咱們也不必麻煩別人，就讓我那一班學生跟你那班學生對辯，你看怎麼樣？」

「我聽你安排。」

「一言爲定，我去報告校長。」

胡主任走後，楊先生獨自思量辯論會的事。這件事恰可配合他講的「假想敵」，使他非常高興。他記得，參加辯論會的任何一方，要派出六個選手，其中一個人擔任主辯，一個人負責結論，其餘四個人擔任副辯。選手最好有男生也有女生，劉保成、呂竹年、古仁風、金善葆、趙華、龔玫都可以參加。在這種場合，最可惜的是吳強，他本來可以做得很好，如果他沒有口吃的毛病。他得想一個特別的工作給吳強做，安慰吳強的失望，使吳強也能發揮力量。

想著想著，胡主任又進來了，他顯然對這個辯論會很有興趣。他說：「校長完全同意了。」他坐在楊先生對面，談舉行的日期，談怎樣抽籤決定哪一方代表正面、哪一方代表反面，談聘請哪些人做評判員，談評分的項目和給獎的辦法。胡主任說：「爲了提高大家的興趣，我們多設幾個獎，不妨有最佳聲調獎、最佳儀態獎、最佳意見獎，再加上一個最佳機智獎。這些獎頒給個人，另外再設一個獎頒給表現最佳的團隊。」這是個好主意。

抽籤的結果，楊先生這一班擔任正面，負責維護男女合班的制度。任務既明，立即籌備。

楊先生把吳強帶到宿舍裡來，對他說：「在這次辯論會裡，有一個最重要的工作由你來做。最重要最重要的工作者，並不是登臺表演的人，雖然贏得采聲的是他們。任何一種表演，都靠一批幕後工作者來支持，沒有幕後的支持，表演就要失敗。拿電影來說，觀眾所愛戴的是明星，可是沒有編劇，沒有導演，沒有人管燈光布景，沒有人設計服裝，沒有人作曲配樂，明星怎會有四射的光芒？這些幕後工作的人，觀眾不能直接看見他們，但是可以從明星身上間接看見他們。觀眾爲明星喝采，同時也就是爲幕後的工作人員喝采。一個夠格的幕後工作者，他聽見了前臺的采聲，一樣覺得高興。不是每個人都能在前臺表演，也不是每個人都能做幕後的支柱，這是兩種不同的才幹。這兩種才幹能發揮，能合作，可以把事情辦好，皆大歡喜。我們這次參加辯論會，前臺的人容易找，幕後的人才不容易找，只有你可以擔任。你來嘗嘗幕後工作的甘苦。如果你能發現幕後工作的快樂，將來你到社會上去，我就放心了。」

說到這裡，楊先生指著那一疊作文簿。

「這是今天的作文。你把大家的文章統統看一遍，把他們贊成男女合班的理由一條一條列出來，把他們反對男女合班的理由也一條一條列出來。等你整理妥當，我們油印若干份，發給出臺辯論的人，教他們好好準備。」

吳強做好了這份搜集資料的工作，楊先生又把六個選手找來，面授機宜：

「我們贊成男女合班，至少有五個理由。這五個理由，你們牢牢記住，到該用的時候拿出來用。別人反對男女合班，至少也有五個理由，這五個反面的理由，是我們的五個假想敵，你們好好的想想，怎樣打倒這五個敵人。」

此外，楊先生又講了一些關於聲調、儀態和使用麥克風應該注意的事項。

三

辯論會舉行的這天，訓導處用大幅紅紙貼出預告，全校的男女學生都興奮極了，只見雙方對壘的陣容是：

正方　主　辯　龔　玫
第一副辯　劉保成
第二副辯　金善葆
第三副辯　趙　華
第四副辯　古仁風
結　論　呂竹年

反方　主　辯　張天泰
第一副辯　褚子河
第二副辯　王玉英

第三副辯　呂　傑
第四副辯　朱蓮時
結　　論　匡　菱

鐘聲一響，全校學生魚貫入場，臺上椅子一字兒排開，坐著十二位選手，臺前椅子一字兒排開，坐著六位評判委員。開會如儀後，校長首先說明舉行辯論會的用意，教務主任接著報告辯論的程序和評分辦法，然後反方主辯張天泰上場，他的態度很從容：

「校長，各位評判員，各位老師，各位同學。在這次辯論會裡面，我們的主張是反面的，那也就是說，我們不贊成男女合班。等一會兒，我們會一個一個把理由說出來。在我看，男女合班最大的缺點，就是不公平、不平等。在勞作的時候，凡是吃力的工作、冒險的工作，總是由男生擔任。輕細的、安全的工作，總是由女生擔任，男生犯了錯，老師的責罰總是比較重，女生犯了錯，所受的責罰很輕。這種不平等的現象，我認爲是不好的。我主張男女分班。」

他的話贏得一片掌聲。大家一面鼓掌，一面替正方的主辯龔玫擔心，不知道她能不能應付這兇猛的攻勢。龔玫站在臺上，臉色蒼白，不過說話的聲音很響亮：

「校長，各位評判委員，各位老師，各位同學。我代表正方第一個發言，我們贊成男女合班。我們也有很多理由，等一會兒，我們也要一個一個把理由說出來。」

說到這裡，她轉身朝著反面的主辯張天泰看了一眼，這一眼，好像有一股壓制對方的力量，於是臺下鼓起掌來了。

等掌聲停了，她繼續說：「照我的看法，男女應該分工合作。男同學力氣大，可以抬便當，女同學力氣小，可以掃地，沒有什麼不平等。出壁報的時候，男生寫字，女生描花邊，也沒有甚麼不公平。這是各人用各人的長處。派女同學去抬便當，我們固然抬不動，派男同學描花邊，他們也描不慣。女生犯了錯，老師只要輕輕罵幾句就可以了，因爲女生膽子小；男生犯了錯，非加重處罰不可，因爲男生本來臉皮厚。……」

臺下大笑，而且鼓掌，聲音相當嘈雜。龔玫本該停頓一下，等同學們嘈雜的聲音靜下去再說話，可是她心裡一慌，趕快把最後幾句話說出來，回到座位上去。最後那幾句話，大家都沒聽清楚。

反方第一副辯褚子河出場了：

「剛才龔同學說，男女合班可以分工合作，我的看法完全相反。男女一合班，男生跟男生就要打架，爲甚麼呢，男生要在女生面前做英雄。我們的訓導處有紀錄，這學期自從開學以來，有過十六次打架的糾紛了，這都是男女合班造成的。各位同學，請您想一想，這還能合作嗎？」

臺下喊「對！對！」一面鼓掌。

劉保成不慌不忙的上場：

「褚子河同學舉出統計數字來作證，我很佩服。可是他不知道，我也有統計數字。咱們這裡，一共有兩家中學，那一家中學的訓導主任，是我爸爸。」

臺下大笑。

不顧臺下的笑聲，劉保成大聲說：「我爸爸說，這學期，他們學校的學生打架，打過二十多次了。可是他們一個女生也沒有，他們是和尚學校！」

臺下又大笑。

劉保成說：「你們應該相信他的話，我爸爸是權威！」

這回連老師也都笑了。劉保成覺得很窘，趕快逃回座位上去。本來準備了一點資料，證明女生能維持和平，也來不及說了。接著上來王玉英：

「在開班會的時候，我做過主席。男女合班開班會，簡直困難極了。男同學提出來的意見，女同學要反對，女同學提的案子，男同學又要把它否決，吵來吵去，很難有結論。如果班上全是男生，或全是女生，就不會有這種情形。」

王玉英的話很平實，臺下沒有笑，也沒有鬧。金善葆一開口，可就不然了：

「王玉英同學的話，我不能不承認她是對的。」

臺下有一部份同學鼓掌，笑。

「我提過好幾個案子，都給男生否決了。」

臺下大部份同學都笑了，正方這一組的同學很著急：金善葆怎麼啦？忘記自己的立場了？

「可是男同學也有功勞，他能夠保護我們。有男生保護，女生在外面才不會受人家欺侮。如果不合班，教我們哪裡去找男生保護呢？」

這話掀起興奮的高潮，可是也給對方一個反擊的機會。呂傑說：

「一個男生，在學校外面天天保護一個女生，我看不是好事情。這太危險了，男女合班，實在是一件危險的事情。我看還是分開好！」

……………

主辯、副辯挨次發言完畢，反方那一組的匡菱先站起來作結論：「各位老師，各位同學，我們的意見都說出來了，在我看，這些意見很充實，理由很充足，確實證明男女合班不好。怪不得中國自古以來都是男女分開讀書的，不是男女在一起讀書的。……」

聽到這裡，楊老師暗暗叫一聲不好！他的學生事先搜集資料找假想敵，沒有「自古以來男女分班」這一條，對方在最後忽然提出這話，不知道呂竹年怎樣答覆？

看不出呂竹年有這麼一手：

「我的結論是：男女應該合班。剛才匡同學說，中國自古以來男女分班，她的話不對。中國在一千多年以前已經實行男女合班，兩個合班的學生是：梁山伯與祝英臺！」

說完，他滿不在乎的鞠了一個躬，退回座位上去。全場開心極了，鼓掌也熱烈極了。「梁山伯和祝英臺」是當時正要上演的一部影片，呂竹年信手拈來，得到「最佳機智獎」。

電視機

一

一陣傾盆大雨，把學校裡的琅琅書聲都壓下去了。雨過，學校裡顯得很寂靜。這時，忽然一輛摩托車衝進校院，撲撲的放著廢氣，駕車人裹在安全帽、風鏡、夾克和西褲裡，是個生氣蓬勃、橫衝直撞的小伙子。廚師老李養的一條黃狗大吃一驚，跟在車後面追趕，跳躍，大聲嗥叫。樓上樓下，朝校院這一面的窗子都打開了。僅僅一分鐘，這青年和他的車，使學校有了鬧市的氣氛。

校長看見這輛車，走出來喝問：「你是甚麼人？下來！下來！」可是人車一直衝到校長面前，這才剎車，除下安全帽和風鏡，坐在車上向校長行了個俯身禮。

「你呀！你這孩子，愈大愈沒規矩。」校長看清楚是甚麼人了。

「你要是壓死一隻螞蟻，我叫你爸爸打你。」

「沒關係，我爸從來不打我。」說這話的時候，已經由車上跳下來，跟在校長後面走進校長室。這是上午發生的事。中午，在餐桌上，校長談起他的這個「寶貝世侄」：

「他的家境很好，比我們的家境都好，但是不肯讀書，能考上大學，全靠運氣好。學校裡叫他寫論文，題目是『電視機對少年的影響』，先要抽樣調查找資料，這個懶鬼，想起我來了，來到這裡又是作揖又是鞠躬。眞是寶貝！」

「校長答應他了嗎？」楊先生問。

「沒有。」

「拒絕了嗎？」

「也沒有。」

「我看，校長可以答應他。」楊先生慢慢的說：「這對咱們的學生有點好處。胡主任和我，都在教學生寫論文，像抽樣調查這樣的方法，雖然他們還用不著，可是讓他們現在知道有這麼一種方法也不壞。——胡主任的意見怎麼樣？」

胡主任說：「很好！如果校長同意，你教的兩班學生和我教的一班，都可以參加。」

大家都看著校長。校長說：「照你們說，公私兩全。我跟他爸爸，二十五年的老朋友了。這孩子眞有點好運氣！」

飯後，楊老師和胡主任商量了一下，得到三點結論：

一、約校長的「寶貝世侄」來談談，看對方需要我們怎樣做。

二、調查表由對方印製。

三、把三班學生集合起來，由楊先生講述填表的用意。

二

楊先生的講詞，大約如下：

各位同學：你們也許覺得奇怪，爲甚麼發給我們一張表呢？爲甚麼有人有表，有人又沒有呢？我們既然不用填表，爲甚麼也要跟填表的人一同聽講呢？

填表是小事，我們的用意，是要藉這個機會，談一談論說文。

請你們暫時把這張表忘了，把論說文的事情想起來。

不久以前，我看到某一位同學寫的文章，他說電視機是一種有害的東西。他舉出很多證據，比方說，左面的鄰居開電視機，右面的鄰居也開電視機，聲音很吵，吵得他不能做功課。他舉出來的證據，當然也是事實，但是，電視機有好處沒有？誰把戲劇送到我們家裡？誰能讓我們親眼看見遠方發生了跟你我切身有關的事情？這麼說，電視機就不能說是完全有害的東西了。

有一位同學，他寫文章批評汽車，他說汽車是魔鬼，爲甚麼呢？汽車常常撞死人。他的話也是事實，據台灣交通機關發表的數字，去年一年在車禍裡面死的、傷的超過四千人。四千多，這個數目不小，比咱們學校裡的人要多兩倍。如果有一種野獸、有一種妖怪，把咱們全學校的人統統吃了，社會當然不能容許這怪物存在。可是，如果沒有汽車，誰送成千成萬的學生上學呢？誰送成千成萬的學生回家呢？這裡產的筍運到臺北，臺北的報紙運到這裡，都要用土車走一步推一步，多麻煩？我們到野柳去玩，要走幾個鐘頭，多辛苦？這麼說，汽車就不只是魔鬼。

再進一步想，如果我們的鄰居自愛一點，把電視機的聲音開得小一點，我們的房子大一點，牆壁厚一點，我們不是就可以溫習功課了嗎？如果開車的人小心一點，走路的人規矩一點，一年也就不一定要死傷四千多人，也許只有幾十人，幾百人。電視機、汽車，有害處也有益處；它的害處小，益處大；它的害處是可以避免的，它的益處，卻是別的東西難以代替的。這樣說法，才比較公道。

說到這裡，我們又看出抒情文和論說文的一個差別。寫抒情文，你可以說電視機是害人精，你可以把汽車寫成妖魔，這表示你自己很不喜歡電視機或汽車，你寫的是自己的情感，不是對汽車對電視機的價值判斷。如果寫論說文，你說電視機、汽車是害人精，是妖魔，只提它的害處，不提它的益處，那就是偏見，不公道。寫論說文是下判斷，判斷對與錯、是與非，應該公道。當然，公道談何容易，退一步說，你應該儘可能的祛除偏見，接近公道。

偏見這種東西，可能人人都有，而且很難去掉。最近，有一位思想家去世了，報紙用很大的篇幅登他的言行。據說，他在生前說過這樣的話，他說：「如果老百姓跟做官的打官司，我幫老百姓；如果學生跟老師打官司，我幫學生；如果兒子跟父親打官司，我幫兒子。」我看了這段話，覺得很驚訝：老百姓跟做官的打官司的時候，我們不研究一下老百姓有理沒理，就決定幫老百姓嗎？兒子跟父親打官司的時候，我們不研究一下父親有理沒理，就決定他該輸嗎？認爲老百姓都是對的，做官的都是錯的，或者認爲工人都是對的，資本家都是錯的，我們只好說，這是偏見。當然，認爲官都是對的，資本家都是對的，也是偏見。偏見，是許多條件慢慢養成的，有偏見的人自己往往覺不出來，他認爲他說的是良心話，錯不了，可是偏見往往就從所謂良心裡跑出來。所以我們說，江山好移，偏見難改。——

（工友送來一杯溫開水。楊先生喝了一大口，咂咂舌頭說：「這杯開水眞好喝呀！」接著他聲明：這是抒情文。同學們吃吃笑。楊先生說：「渴者易爲飲，人在口渴的時候，覺得開水的滋味特別好：這是論說文。如果我說，在一切飲料中，白開水的滋味最好，這大概就是偏見了。」）

——有一位朋友，對國際交通的情形很熟悉，他說，航空公司訓練空中小姐的時候，要那些小姐在飛機上隨時與乘客交談，解除乘客在旅途中的寂寞；但是，航空公司對那些小姐說，不可跟乘客談藝術，不可談宗教，不可談政治，藝術、宗教、政治這三方面，要盡力避免涉及。爲甚麼呢？因爲人對藝術、宗教、政治，最容易產生偏見，談來很不容易融洽。對一個空中小姐而言，她聽見乘客爭論「李白好還是杜甫好？」她最好沉默。她聽見「蔣經國做總統，比蔣中正強多了。」她最好另想一個話題。她聽見「天主教應該准許修女結婚，」最好別正面回應。否則，談下去多半要冗長、緊張、不愉快。由空中小姐所受的訓練，我們可以領悟，人的偏見至少有三種，那就是：政治的偏見，藝術的偏見，宗教的偏見。人在這三方面如果有了偏見，可能很固執，很自信，就像他有了眞理一樣。

我說人的偏見「至少」有三種，是因爲人還可能有別的偏見，例如種族的偏見。有些白種人排斥黑人，一看見黑人心裡就不舒服。在美國，有一個新聞記者，渾身染黑了，化妝成黑人，到南部各州去旅行，親身體驗黑人受歧視的情形，我們看他的報導，覺得某些白人對付黑人的態度和方法，太過份了！可是他們要那樣做。在種族的偏見下，納粹德國屠殺了幾百萬猶太人。

還有職業上的偏見。走路的人總覺得司機開著車子亂撞，司機總覺得行人不守交通規則。警察認為百姓很難守法，百姓認為警察很難廉潔。在某些人眼裡，教書匠都是窮酸，新聞記者都油腔滑調吃十方。十個病人有九個罵護士小姐服務態度不好，而十個護士有九個埋怨病人難侍候。體罰本來不合教育原理，可是大部份教員都希望握有體罰的權力，儘管他不一定行使這權力。批評某一種行業最容易引起反感，即使你的批評很對。從前有一部電影批評理髮師，引起很大的風波，現在，我們的電影不避免諷刺任何行業。

（說到這裡，後排有幾個學生唧唧喳喳談天，而且有說有笑。楊先生停下來，敲敲桌子，注視著後排說：「我的偏見來了，我認為，在我講話的時候，你不能在下面談天。即使我講得不精采，你不願意聽，你也只好忍耐。這是我的偏見。」前排的學生都笑起來。）

——我認為，還有，至少還有，地域的偏見。在這地球上，某些歐洲人看不起美洲人；在美國，多少北方人看不起南方人。中國人的地域偏見也很普遍，你們總有機會聽人家說，上海人做生意不誠實，廣東人喜歡打架。有人說，山東人厲害，山東人追女朋友追不上，他會殺人。也有人說，湖南小姐厲害，湖南小姐愛你，你不愛她，她會自殺。這些話很成問題，可是有很多人相信。「臺灣水，向西流，花不香，鳥不鳴，男無義，女無情。」今天我們在臺灣，知道這話是假的，可是，如果我們住在新疆，難保不當成眞的！

（說到這裡，楊先生欲言又止，欲止又言。）對於地域偏見，我個人有親身體驗。抗戰的時候，我到四川，四川人說我是下江人，意思是長江下游來的人，他們看不起這種人。我告訴他們，我從黃河下游來，不從長江下游來，可是沒有用，你還是下江人。抗戰勝利了，我到了南京，南京人跟我叫重慶客，重慶客三個字表示他們用另一種眼光看你。我對他們說，我在重慶的時候，是下江人，爲下江人三個字受了不少委屈，現在我來到長江下游，你們待我親切一點吧。可是沒有用，你仍然是重慶客。我先是下江人，後是重慶客，最後來到臺灣，變成內地人。將來有一天，我回到中國大陸，我恐怕又成了台灣人。你看哪！這眞是一部很好的小說！——

（楊先生的聲音，有一點感傷。全場肅然。他拿過茶杯來猛喝。）

——我說了這麼多的話，用意只有一點，那就是，人是很容易有偏見的，人對他的偏見，常常堅強的加以護衛。人既然是這樣一種動物，那麼，我們寫論說文的「人」，實在不能不有一種警覺：我不是在寫自己的偏見？你們現在也許還不覺得這個問題重要，在你們，重要的問題是作文怎樣能得甲上，能得九十分，升學怎樣考取理想的學校。這個階段，很快就會過去，將來你們會發覺，寫一篇流暢的文章或者寫一篇鋒利的文章，都不太難，難的是，你是不是把偏見排除了？胡主任和我，都希望早早把這個觀念灌輸給你們。

一個人，如果想超過自己的偏見，想糾正自己的偏見，倒也有方法，度量大一點，知識多一點，正面反面的意見多聽一點，都可以減少偏見，克服偏見。現在，政治大學有一個學生，他想寫一篇論文，題目是「電視機對少年人的影響」。他恐怕自己有偏見，特地請很多同學合作。他要找很多少年人：住在都市裡的，住在鄉村裡的，還有商人家的，農人家的，軍公教之家的，還有本省籍的，外省籍的，還有有錢的，不算有錢的。另外，他也許應該去找不識字的，國校畢業以後沒有升學，在甚麼地方當學徒的。他找各式各樣的少年人，聽大家的意見，有了這些意見，他就可以避免偏見，或者減少偏見。

拿車禍的問題來說吧，有人研究這個問題，發覺不單是司機的責任，有時候行人也有責任；不但行人有責任，有時候車主也有責任，車輛該修不修，該換的零件沒換。不但車主有責任，有時候修路的當局也有責任，該拓寬的地方沒拓寬，該裝紅燈的地方沒裝，該豎標誌牌的地方沒豎。有了這些資料，你就不會主張汽車撞死了人司機一律槍斃，或是被汽車撞死，活該。這一步搜集資料的功夫，你們現在做不到，也不需要，不過，你們這時候應該聽說有人在這樣做，應該知道值得這樣做……。

（說完，胡主任上去說明填表應該注意的事項，就解散了。）

三

調查表收齊以後，胡主任和楊先生選拔幾個學生組織了一個小組，來整理其中的材料，工作分配的情形是：

金善葆——電視機的誘惑力。
吳　強——電視機的壞處。
古仁風——電視機的好處。
龔　玫——對電視節目的希望。

材料整理出來以後，原表給了校長的「寶貝世侄」。胡主任和楊先生，則指導自己的學生，寫成一篇文章。他們把文章交給「電視雜誌」發表，發表以後，每人贈送一本雜誌，以增加興趣，喚起注意。

那篇文章共分四段，全文是：

電視機的誘惑力

在我們的學校裡，許多同學在接受調查時表示，當電視機進家的那天，他非常興奮。他說，這是一件大事，他留下了非常深刻的印象。

在家中沒有買電視機以前，這些孩子們對收看電視節目一直心嚮往之。一個學生說，當初他們家中沒有電視機，鄰家有。每天晚上，鄰家的電視機一響，他的小妹妹就跑過去了，很晚才回來，回來以後指手畫腳的說個不停，把她由電視機裡看來的東西講給哥哥姊姊聽。一個學生說：有一段日子，他每天吃過晚飯，就搬椅子坐在大院裡，手裡捧著書本，看上去像是溫習功課，其實是遠遠看鄰家客廳的電視畫面。

電視機買來的時候又怎樣呢？一個學生，放學回家，一步跨進房門，家裡的人指著牆角說：「喂！你看，這是甚麼東西！」他順著手指的方向看去，一堆發亮的東西，原來是電視機！他站在那裡發呆，說不出話來，全家的人都哈哈大笑。又有一個學生，回家以後，發現家裡有了一架電視機，高興得直跳，當時飯已擺在桌上，爸爸教大家先吃飯，他用五分鐘的時間就把飯吃完了，跑去撥弄那個可以映現畫面的機器。

「你希望有一架電視機嗎？」百分之百希望有一架。由這些學生的筆下，我們能夠看出電視機對孩子們的誘惑力非常強烈，很多家長撙節費用買電視機，爲了使孩子們快樂。在一條巷子裡，大部份人家有了電視機以後，就會對沒有電視機的人家產生無形的壓力，而這種壓力首先由孩子們身上反應出來，透過孩子，影響父母。

電視機的好處

這些學生，提到電視機對社會的功用，大有「電視機的好處說不完」之勢。「這東西的面貌很呆板，可是肚子裡的節目眞活潑。」「從前是秀才不出門，能知天下事，今天是觀眾不出門，能知天下事。」「它（指電視機）忽然是個丑角，忽然是一位教師；一會兒變成飽經世故的老江湖，一會兒又成了天眞無邪的天使。眞有趣！」「它是一部百科全書。」引號裡面的話，全是從他們的調查表上摘來的。

有些學生，論事能從大處落墨，他們說：「電視機普遍以後，臺灣不再單調枯寂了。」「一個家庭，一旦有了一架電視機，全家都會更快樂。」有些學生則從小處表現精細的觀察力；例如：「牙牙學語的小妹妹，也跟著電視機學唱歌，看了她的神態，全家都笑出眼淚來。」例如：「鄰居有一個女孩，天天在馬路上玩，這樣下去準會變成野孩子，可是後來她待在家裡不出來了，因爲家裡買了電視機。」

每一類節目，都可以在這裡看出效用來。有人從這裡知道國內外大事（百分之廿），有人從這裡得到許多課外知識，「以免將來到社會上去太幼稚」（百分之五）。有人從這裡接觸了許多文藝著作（百分之廿），有人從這裡學英語（百分之五），有人從這裡學台灣話語（百分之十），有人從這裡得到作文的和寫周記的材料（百分之五），有人從這裡學會做菜（百分之一）。

有些「好處」令人匪夷所思，一個學生說，他演算一道數學題，怎麼也解不開，聽見電視機裡唱「問你爲甚麼掉眼淚」，馬上靈感湧現，援筆立就。

有一個學生說，電視機培養了他的幽默感，因爲他從電視機裡聽到很多笑話。他把自己最欣賞的一個笑話寫在調查表上，那個笑話說：甲對乙說：「我們家鄉冷得很，晚上打開電燈，電燈不亮，因爲電流被凍住了。」乙說：「再冷一點，把太陽光也凍住，豈不是晚上可以不開燈了嗎？」

世界上還有甚麼東西，能如此方便，給你如此多的知識和娛樂，而你只要花這麼少的錢？——一個學生如是說。

電視機的壞處

百分之三十左右的人，認爲看電視足以妨礙功課。「看電視太費時間了，看上了癮，甚麼也不想做。那些戲劇都是一天天連下去的，每次一小時。我打開電視機的時候，心裡想不過只看一個小時罷了！誰知道，一個小時完了，還有下一小時，還有明天……，功課自然大受影響。」——一個學生這樣寫道。「……爸爸發現我們看電視的時間太多，就限制開機的自由，非做完了功課不准看。可是，在做功課的時候，心裡總是說不出的難受，一直想打開電視機看看，一直希望爸爸出門，我們好偷看。」——一個學生這樣寫。

百分之六，認爲電視機破壞了家庭的和平與寧靜。「弟弟妹妹喜歡看的節目，我都不愛看，我愛看的，他們又不欣賞。每天晚上，他們把持電視機，喊『少數服從多數！』我氣極了，有時也來一次霸道獨裁，也許會打起來。媽媽常說：『你們非把電視機打成兩半不可！明天我把電視機賣掉。』媽媽屢次這麼說，可是到底沒有做。」——又有一個學生這樣寫。

這些孩子們最痛心疾首的，是噪音問題（占百分之六十）。學校裡面，功課要緊，回家以後，有很多作業要做，然而，東家的電視機響起來了，西鄰的電視機也響起來了，對面百貨店不但開了電視機，還對準別人的大門裝擴音喇叭。誰也不肯把聲音捻小，在音浪的衝擊下，要做功課的人頭暈了。這種無情的干擾，有時來自家庭以內。有一個學生說，他的叔叔喜歡聽歌仔戲，他每天在歌仔戲臺底下做功課，一聽見電視機響，就心驚肉跳。有的學生必須用棉花塞住耳朵才能讀書，有的學生在做完功課以後，噪音還不容他安睡。有些孩子曾經放下功課，跑到鄰家去要求減小電視機的音量，這種要求不但未受重視，反而引起鄰人的抗議。

孩子們對節目有一套意見。百分之四的人認爲有些節目是「下流的、有害的」。他們有人在電視節目中學會罵人，有的人被連續劇中的人物引起犯規越矩的崇拜。他們說，電視機裡有許多「粗野橫蠻之事」。百分之十左右的人攻擊流行歌曲，有的說，這種歌「聽得多了，就變成歌舞女郎。」有的說：「聽見了我愛我的妹妹呀，心裡慌。」家長對電視機的態度：百分之十五左右的人明白指出，他們的家長喜歡看電視，卻不喜歡孩子看電視。有一個學生，在年紀幼小的時候見了電視機就害怕，那個怪物居然會說話！現在，她長大了，輪到她的母親怕電視機了，還有一個學生說，他家中沒有電視機，他父親不肯買，母親也說：「電視機會把孩子教壞了。」因爲「裡面有很多怪事怪話。」他家買音響，由父母替孩子選CD片。

對電視的期望

調查表在家長的協助下塡寫，很多項目反映了家長的意見。百分之七十以上的人認爲，電視節目的水準還可以提高，尤其是藝術水準和道德水準。百分之三十幾的人指出，電視台太多了，大家互相競爭，施出許多怪招，欲罷不能，節目對社會有利有害也就顧不得了。這些人希望電視台能減少。

你希望增加那一類節目？這一項多半空著沒塡，大概電視台這麼多，各台充分發展自己的特色，節目已是應有盡有，看不出空隙。

有人希望電視機的體積縮小，小到可以裝在書包裡隨身攜帶，有人希望能開闢「課外補習」一類節目。

家長們雖然對電視節目不滿意，但是仍有百分之六十四的人，希望子女能進電視公司服務，只有百分之三的人表示另有更好的選擇。

最後，楊書質先生在課堂上如此指導學生：

我們評論一件事，得具備相關的知識。你如果要談電視的問題，至少得掌握上面這些資料。你既然知道電視的吸引力，電視的好處，電視的壞處，一般人對電視的期望，還愁沒有文章可做嗎？通常我們寫不出文章，是因爲對問題了解太少，知識不夠。

看了上面的資料，我們知道電視對大眾、尤其是對孩子有不可抗拒的吸引力。電視有這樣那樣的好處，也有這樣那樣的壞處，好處壞處都能吸引大眾。學壞容易學好難，有人說過，世人最喜歡三樣東西：一是不道德的，一是不合法的，還有一樣是「教人發胖的」。因此有心人對電視對社會的負面影響特別敏感，特別憂慮。

電視的出現和它的發展都是不能阻擋的，不買電視機、或者禁止孩子看電視、或者整個村莊整個社區沒有電視機，都沒有代表性，都不能解決問題。電視節目的壞處，有些是可以躲避的，有些是可以忍受的，有些可以用它的好處抵銷。最重要的是電視節目的改進，使它的好處愈來愈多，壞處愈來愈少，它以好處吸引大眾，不以壞處吸引大眾。它應該改進，也能夠改進。

以上面的資料爲基礎，作指引，我們的文章大概可以寫成這個樣子。這是作文的另一種方法，也是文章的另一種模式。古人說「文無定法」，論說文還可以有許多種寫法，大家別心急，慢慢來。

原子筆、毛筆

一

下課後，楊先生在辦公室裡洗手上的粉筆灰，聽見後面有人喊：老師！是劉保成。他手裡拿著一張紙，紙上寫著「己與群」三個大字。他問：「老師，這個題目應該怎麼做？」

楊老師說：「這個題目，是要我們同時討論兩個觀念，一個是個人觀念，一個是團體觀念。這兩個觀念是相反的，同時又是相成的。只顧個人，削減了團體的力量，只顧團體，又可能抹煞個人的自尊，這是相反；可是個人組成團體，團體保障個人，沒有個人，哪有團體？沒有團體，個人的才智也許不能發揮，顯不出個人的價值。寫這一類的題目，拿兩者加以比較，說明它們的關係，就可以做一篇像樣的文章。」

劉保成鞠躬而去。

晚間，二三樓教室燈火通明，三年級學生都在埋頭自習，站在樓下向上看，看不見半個人影。楊老師踱上樓去，欣賞高足們勤勉奮發的鏡頭。呂竹年跑到他身邊，悄悄遞上一個字條，低聲問：「老師，這個題目我不會做。」楊老師一看，字條上寫的是「盡忠與盡孝」。他也低聲答道：「這個題目，是要我們同時討論兩個觀念，這兩個觀念，相反而又相成。做子女的要盡孝，必須隨時侍奉父母，可是，一個青年要盡忠，往往需要離開父母。不過孝字的意義很廣，爲國家民族出力，也是盡孝，叫做爲民族盡大孝，這樣，忠孝又是兩全的了。寫這樣的題目，拿兩個觀念互相比較一下，再說明二者的關係，就可以寫一篇及格的文章。」

第二天中午，金善葆、趙華等人吃完了便當，到楊先生房裡來，劈頭就問：「老師，你說勞心好還是勞力好？」

「這很難說。」楊先生說：「有一家百貨公司的大老闆，天天爲生意操心，夜夜失眠，床頭放一瓶安眠藥，非吃安眠藥不能睡覺。後來，生意失敗，公司倒閉了，他猛吃安眠藥，吃了半瓶，就從此長眠不醒了。他住的那條巷子，巷口有個三輪車夫，白天蹬三輪出一身汗，晚上吹吹風拉拉胡琴，上床呼呼大睡。這兩個人，一個勞心，一個勞力，哪個好？」

「勞力好。」學生說。

「另外有一個人，在好幾家報館做主筆，每天下午，報館派工友到他家裡取文章。有時候，兩家報館的工友一齊來到，他的文章還沒有寫好，工友站在門口等候，等取到文章，飛身騎上腳踏車，送回報館去排字。這兩個人，一個勞心，一個勞力，哪個好？」

「勞心好。」

「愛因斯坦是個勞心的人，天天坐在研究室裡動腦筋，想出來很多方程式。大戰的時候，他抄了一個方程式，送給美國總統杜魯門，杜魯門把這個方程式交下去，很多工廠一齊忙，技術人員和工人忙得團團轉，忙出一種東西來，裝在飛機上，投到日本去，日本就向盟軍投降了。這個東西，就是有名的原子彈。這回你們想想看，寫出方程式來的人勞心，動手做原子彈的人勞力。兩種人都很重要，是不是？」

大家點頭稱是。

「你們怎麼會想到這個問題？」楊先生反問。

「因爲，」趙華說：「有個作文題，我們都不會做，這個題目是：『勞心與勞力』。」

「像勞心與勞力這樣的題目，是要我們把這兩個觀念，加以比較，指出這個觀念相互的關係……」說到這裡，楊先生驀地停住，他想：己與群，盡忠與盡孝，勞心與勞力，好奇怪！怎麼屢次碰到這樣的題目？

下午，楊先生遇見胡主任，就把這個古怪的問題提出來。胡主任說：「楊兄有所不知，最近一連三年，升學聯考的作文題都是『○○與○○』，於是今年的應屆畢業生中間流傳著一種推論，認爲今年的聯考題仍然是『○○與○○』。

哦！原來是這麼一回事！

「今年聯考出甚麼題目，未知數很多，怎能單憑前三年的題目來推斷呢？」

「這話不錯。不過，現在學生對這個問題很有興趣，我們倒也不妨利用這個機會，教他們寫這種題目。趁這時候教，他們一定仔細聽，事半功倍。」

「您看怎樣著手？」

「按照學校的行事曆，下星期要舉行作文比賽，咱們就出一個題目，大家寫論說文。你看哪個題目好？」胡主任業已準備了很多題目，計有：

升學與就業
敦品與勵學
健康與疾病
情感與理智
戰爭與和平

原子筆與毛筆

看到最後一個題目，楊老師喝采。兩人這樣商定，再經過校長核可，展開了有關的籌備工作。消息傳出，學生紛紛猜題，有些學生說，這次題目一定是論說文，「中學生的本分」。何以見得？因爲目前正在提倡每個國民都要守分。中學生的本分是甚麼？當然是好好讀書啊！另一個學生說，近來一直做論說文，實在做膩了，大概要換換口味啦，換甚麼題目呢？「雨天的憂鬱」。這地方雨多，外面又在下雨。一個學生聽到這個題目，接口說：「天天下雨，眞煩死了，每天兩隻腳都是濕的，坐在教室裡眞難過。」另一個說：「可不是？我的雨衣舊了，該換新的了。」

「逢到雨天，我就想坐汽車。」一個女生說。

「坐汽車有甚麼好？人擠得滿滿的，每個人的雨衣都往下滴水。」她同伴提出相反的意見。

「你眞笨，我是說，一個人坐小汽車。」

「哦，你想做闊人的姨太太。」

「甚麼話！小汽車裡坐的都是姨太太？偏見！偏見！」

……

二

進了考場，打開卷紙，眼睜睜看著監考的先生在黑板上寫字：「原」，原因？原始？「原子筆」。原子筆的優點？原子筆的缺點？「原子筆與……」，原子筆與我？原子筆與時代？「原子筆與毛……」那麼是原子筆與毛筆？不錯，「原子筆與毛筆」。下面有括弧：論說文。全場的學生如釋重負，也有些人立刻又愁上眉尖。

評閱作文比賽的卷子，學校有一個類似「迴避」的規定，那就是，教三年級的人，去看二年級的文章，教二年級的人去看三年級的文章。所以，楊老師不能馬上看見自己的學生成績如何。他所批閱的卷子裡面，也有很好的文章，例如：

原子筆與毛筆

毛筆是我們固有的，原子筆是外來的。在我們中國，毛筆的歷史很長，原子筆的歷史很短。毛筆好像一位長袍馬褂的老學究，原子筆像一位西服革履的留學生；毛筆的筆尖下吐出來的，大半是舊事物，像詩詞歌賦，原子筆筆尖下吐出來的，大半是新事物，如聲光化電。

毛筆，當秦人漢人製造它的時候，當然它也是一種年輕的工具。它的局面一直維持到清朝，鋼筆才隨著西方文明侵入。二次大戰結束後，原子筆後來居上。起初，原子筆占的空間很小，簡直不能跟毛筆相比，毛筆有些瞧不起它，可是它的地盤擴充得很快，它已經把毛筆擠到一個很小的角落裡去，甚至連鋼筆也擠走了。政府規定學生要上書法課寫毛筆字，這是保存毛筆最有效的辦法，否則，寫毛筆字的人紛紛謝世，以後也許就沒有幾個人能拿起毛筆來了。

楊先生想：這篇文章眞好！就在評分欄裡畫了九十分。

自己的工作完了，跑到另一組去打聽自己的學生的成績，閱卷的先生說：「快來！有好文章！」楊先生一看，字跡是吳強的：

原子筆和毛筆本來可以並存不廢，現在成了好像是互相排斥的樣子。這是因爲，學生都喜歡用原子筆，可是學校規定，作文課和書法課必須寫毛筆字。學生在寫毛筆字的時候，心裡覺得很委屈，好像被奪去了某種樂趣和權利。在學生的心目中，這才形成了原子筆、毛筆互相對抗的形勢。

原子筆是文明，毛筆是國粹。原子筆寫字快，毛筆寫字美。這兩樣工具，應該可以在社會上共存。用毛筆來驅逐原子筆，當然是不可能的事情；原子筆完全把毛筆淘汰了，也有點不可想像。書法是中國特有的藝術，要想完成這個藝術，只有用毛筆，所以，只要書法一道存在，毛筆就會存在。還有，毛筆字顯得莊重一些，有氣派一些，所以有些文件用毛筆寫；只要人們求莊重講氣派的心理存在，毛筆也會存在的。

有人激烈的批評毛筆，說毛筆寫字太不方便，這是事實。不過，「不方便」的東西，不一定就會消滅。例如，聽唱片多麼方便，買票入場聽音樂會就顯得很不方便，然而唱片是不是能代替音樂會呢？音樂家灌唱片的機會愈多，是不是公開演奏的機會就減少呢？並不。每天炒菜相當麻煩，開罐頭十分簡單，罐頭代替烹飪的可能性，依然微乎其微。烹調，音樂會，儘管很麻煩，也不會被淘汰，它們靠另外的優點存在。毛筆的地位也是如此。

當然，存在並不一定普及。社會上寫毛筆的人少，用原子筆的人很多，這是不爭的事實，對大多數用筆的人來說，快比美重要，方便比氣派重要。寫毛筆字要有幾分悠然自得的心情才好，現在的人太忙了，拿學生來說，趕火車，搶籃球，跑百米，看電視，一天到晚呼吸迫促心情匆匆，過這種生活，好像就該用原子筆這樣的工具，忽然坐下來寫幾個毛筆字，太不調和了。

幾個老師看了，一致喝采。有人懷疑：「不會是抄來的吧？這是誰的字？」楊先生說是吳強。閱卷的老師用保證的語氣說：「這樣一篇文章，吳強寫得出來！」一位老師說：「一般學生，只能從一個角度看問題，吳強能從幾個角度探討，不偏不倚，了不起！」閱卷的先生說：「說到由一個角度看問題，這裡倒有一篇，很值得看看——」

現在，外面是原子筆的天下，偏偏學校裡面規定有些地方要用毛筆，以致在這個原子時代，太空時代，我們還是摔不掉這個古老的毛錐子。

用毛筆寫字，最要命的是「慢」。今天做一個學生，功課太忙了，並沒有多少時間可以浪費。用毛筆寫字的速度和用筆寫字，是一與五之比，寫一個毛筆字所花的時間，用原子筆可以寫五個字來。想想看，時間多麼可惜。何況用毛筆寫字，先要磨墨，磨墨這件事情，實在乏味，辛苦，無聊。古人稱硯台叫硯田，眞不錯，磨墨的滋味，跟耕田差不多。

寫毛筆字，第二個問題是「髒」。原子筆寫出來清清楚楚，紙張依然潔白；毛筆呢，上書法課的時候，到處是墨，紙上是墨，桌上地上是墨，衣服上也是墨。墨甚至連空氣也弄髒了。滿教室都是臭味。最傷腦筋的是弄髒衣服，因爲洗衣服很麻煩。在理髮廳裡面，有人要把頭髮染黑，理髮小姐就穿起一件黑衣服來調染料，以免把衣服弄髒。學生也該特別做一件黑衣服，在上書法課的時候穿，就像上體育課要換衣服一樣。

毛筆這種工具，又髒又慢，將來一定會被原子筆淘汰。毛筆寫字寫不好的學生不要著急，等他入社會做事的時候，毛筆大概就淘汰完了。

大家看了，哈哈大笑。閱卷的老師問：「你這位高足眞厲害，是誰？」楊先生說：「是龔玫。」一位老師說：「心直口快，咄咄逼人。」楊先生問：「有反對原子筆的嗎？」閱卷人說：「有人反對原子筆，理由是，他買過好幾支原子筆，都被扒手扒去了，毛筆絕對安全，還是用毛筆好。」大家笑了一陣，又抽出一份來看：

我爸爸說，毛筆比原子筆重要。

有人噗嗤一笑，問：「怎麼把爸爸抬出來了？」

毛筆寫出字來，就像生龍活虎，所以，外國人也到中國來學毛筆字。毛筆寫字沒有原子筆快，可是，我爸爸說，這正是毛筆的優點，可以訓練一個人細心謹愼，變化氣質。爸爸說，寫字應該自己磨墨，會磨墨的人能吃苦耐勞，克服困難。還有，毛筆能寫大字，原子筆只能寫很小的字。毛筆字寫得好，原子筆才寫得好。還有，我爸爸說，毛筆還可以進一步改良……

一位老師說：「怎麼盡是他爸爸的意見？究竟是他來參加作文比賽，還是他爸爸？」另一位老師說：「父親的內容，兒子的文字，父子合作。」楊先生說：「我有一次對他們說，作論文可以引用權威的意見，當時舉『爸爸說的』做例子，這孩子聽進去沒消化。」「這孩子是誰？」「劉保成啊！」

說著，廚師來請大家開飯，幾位閱卷人連忙收拾起來，到飯廳去了。

三

各位閱卷人用兩小時的時間開會，評定各年級的優勝者，每一年級取三名，三年級的前三名是：吳強，朱成城，李丹霞。

吳強得到第一名，楊先生很感欣慰。這好像是對誰有了交代一般。班上有些學生，一向以爲楊先生偏愛吳強，現在經過公平的競爭，證明吳強確有過人之處。另外兩個得獎的學生，朱成城和李丹霞，楊先生沒有教過，印象十分模糊。他想：「我要仔細看看這兩個學生。」

名次評定，接著討論獎品。有人主張，第一名送原子筆，第二名送毛筆，第三名送鉛筆。胡主任說：「這樣，好像我們是重原子筆輕毛筆的了？」於是有人提出修正意見，原子筆毛筆一齊送，第一名得好原子筆和好毛筆，第二名得普通原子筆和毛筆，第三名得不大好的原子筆和毛筆。

有人主張，在頒獎的時候，由得獎人講一段「我怎樣寫論說文」。楊先生連忙說：「這個設計很好，可惜有一個得獎人口吃得很厲害，講不出話來。」別人也說：「頒獎的時候，學生很興奮，也不容易講得有條理。」不過大家捨不得放棄這個構想，決定要得獎人把寫論說文的心得寫出來登在校刊上。

校刊臨時趕出專號，楊先生注意朱成城的文章。這孩子筆下有條不紊，一副少年老成的腔調。他說，他很沉默，一向不大開口，大部份時間在聽別人說話，他寫論說文的秘訣，就在「聽別人說話」。一般人說話，「抒情文」很少很少，他們往往是在說自己的理由，張三怎樣怎樣對不起他；他爲甚麼不喜歡李四；某一件事情弄糟了，爲甚麼不是他的錯，等等。朱成城舉了一個例子，他說，他有一次聽一個警察取締一個攤販，攤販不服：

警察：你不能在這裡擺攤，搬走！

攤販：我不搬。我要吃飯，你也要吃飯，是罷？

警察：當然。你要吃飯，爲什麼一定要在這裡擺攤？

攤販：你要吃飯，爲什麼一定要在這裡當警察？

警察：話不是這樣說。並不是我要干涉你，按照規定，這地方不能做生意。

攤販：誰規定的？你找他來好了。

警察：你自己規定的。

攤販：什麼？我？

警察：現在是民主時代，法令是照民意制定的，你是國民一份子，所以也有你一份。

他從這些地方得到啓示。他說：像原子筆和毛筆的問題，同學們不知道談過多少次了，談者無心，聽者有意，裡面有不少的好材料。楊先生看到這裡，不禁歎一聲，眞有心人也。不過用這個辦法作文，只宜談跟生活有關的具體的問題，像晴天與雨天、原子筆與毛筆之類，如果題目抽象一點，像「進化與革命」，就有些困難，因爲一般人的日常談話不大涉及這樣的問題，「聽」不到什麼材料。

再看李丹霞寫來的。這個女孩子說，她並不喜歡論說文，可是爸爸強迫她閱讀。爸爸各處搜集可讀的文章，每天要她看一篇，除了有特殊的事故，未曾間斷，到現在，她已經有三百多篇課外的補充教材，剪貼裝訂了兩大本。這課外的功課還要繼續下去。「熟讀唐詩三百首，不會作詩也會吟」，有三百多篇論說文做底子，她漸漸有點意見了，看見普通的題目，不致沒有話可說。不過，她清楚的覺察，她的思想局限在很小的範圍以內，這個範圍，就是她所閱讀過的東西，超過了範圍，腦子裡還是空白。所以，每逢作文的時候，她暗中禱告，希望作文題不在範圍之外。她所用的辦法，是傳統的老法子，除了必須有恆以外，教材的選擇是不是相宜，關係至爲重大。看來，她有一個好爸爸。

最後看吳強的。吳強說，他當然讀教科書，當然讀模範文選，不過，得力最大的不是這些書，是小說！他本來是個小說迷，後來想寫好論說文，覺得寫論說文和讀小說，二者互相衝突。不久，這衝突得到調和，原來小說裡面，到處都是論說文！這些論說是片段的、分散的，往往不容易被人發覺。他說：小說家寫的論說文，眞是第一流的。一個黑人跟一個白皮膚的小姐相愛，黑人到小姐的父親那裡去求婚，遭到嚴厲的拒絕，這位家長認爲跟黑人通婚是一種羞恥。黑青年在懇求無效之後，掏出一把小刀，割破自己的手臂，讓鮮血流下來，說：「您看，我的皮膚雖然黑，我的血也是紅的！」在吳強看，最後這句話有論說文的技巧。吳強從許多小說中熟記警句：

——愛情是一根血管連在兩個人身上，一朝割斷了，兩個人都要失血而死。
——人在幸福的時候不去栽花，希望得到幸福的人才去栽花。
——人總是缺少自知之明，他們不知道什麼人不如他們，什麼人強過他們。
——在生活中，我們應該學著忍受失望。
——中國人能夠保持他們的太平，但是在必要的時候，他們都不惜犧牲他們的太平。

看到吳強的意見，楊先生覺得驚喜。他覺得吳強的「發現」很有價值，就從書架上取下一部厚厚的《世界小說大觀》來。

四

本來，小說對人生可以產生批判的作用。不過，這種批判，是透過故事。關於故事所能攜帶的批判力，楊先生在「講故事」的時候業已說過了。現在，從吳強那裡得到啓發，楊先生注意到小說在文字表面，在章句間，對寫論文的人所能產生的直接幫助。

打開《世界小說大觀》，先看雨果的一篇「囚犯」。它描寫一個囚犯，在獄中深受其他囚犯愛戴，引起牢頭禁子的嫉妒。雨果說，牢頭禁子對這個受愛戴的囚犯，「懷著秘密的，熱烈的，不能和解的毒恨。這是法定的權威者對事實的權威者所懷的毒恨。是物質方面的威力對於精神方面的威力所懷的毒恨。」好句！

又看都德寫的「磨房老闆的秘密」。在都德的家鄉，本來有很多人開磨房，開那種用風車做動力的老式磨房，四面八方的人運了麥子來磨麵。後來磨麵的機器發明了，所有的老式磨房紛紛倒閉，只有一家，科宜爾老爹，堅持繼續營業。事實上他已經沒有顧主上門，可是他故布疑陣，使風車繼續轉動。他這種固執的留戀感動了有麥要磨的人，他們繼續支持他營業，只支持他一家。以後，科宜爾老爹去世，這座最後磨房的磨帆，才永遠停止活動，老式磨房這個行業，才永遠消滅。「有甚麼辦法呢？在這世界上，甚麼都有一個末日。我們應當相信，風磨的時代已經過去了，正如羅恩河上的平底船，古時候的貴族院，以及金線繡的衣服一樣。」好句！

瑞典的一位作家說，在兩國打仗的時候，一隊敵兵衝進來，找民房住宿。有一個敵兵，受到一家百姓的殷勤款待。他想付一些報酬給老百姓，對方微笑著說：「把錢袋收起來吧。私售食物給敵人，是犯賣國的罪；可是，施捨食物給饑餓的人，就是在打仗的時候，也不能算是錯事。」——這話不是在講理嗎？

日本的一位作家說，有一位夫人，很注重禮貌儀節，常常當面挑剔別人，很引人反感。有一次，她對別人說，喝咖啡的時候，不要把調匙碰得杯盤噹噹響，「那是女僕的行爲」。對方說：「哼，一點也不錯，女僕很忙，所以會敲響杯盤，你夫人整天閒著不做事，當然不會敲響杯盤。」——這話不也在講理嗎？

看起來，小說竟也是寫論說文的教科書，而且是最生動的。

咖啡館

一

楊先生講書的時候，偶然提到徐志摩的一篇文章。那篇文章歌頌大自然，批評都市文明，認爲都市生活是病態的生活，只有大自然能給人健康和正常。楊先生說：「說眞的，今天的大都市，到處是柏油，到處是水泥，到處是煤煙，把大自然完全排擠出去，連一點眞正的泥土都看不到。所以，都市裡面的人，只好在陽臺上栽花，只好在公園裡鋪草，只好在咖啡館裡種樹……」

楊先生聽見下面吃吃的笑。他停住，望著一些狡猾的眼睛問：「有甚麼可笑的事情嗎？」

「老師進過咖啡館？」學生問。

「常常去。」

學生大笑起來。

「怎麼？不可以去嗎？」

「不可以！」

「爲甚麼？」

「因爲咖啡館是壞地方。」

「哦！」楊先生明白了。「你們去過沒有？」

「沒有！」

「既然沒去過，又怎知道它壞？」

下面答案凌亂了：聽父母說的，聽同學說的，在廣播裡聽到的，從報紙上看到的……等等。

「我也知道了。」楊先生裝出恍然大悟的樣子：「咖啡館是正人君子所不去的地方。」停頓了一下，他指著大家：「我是聽你們說的。」

下午，楊先生上街買東西，看見一輛宣傳車緩緩駛來，車身四周都豎著廣告牌，寫著「市議員候選人張心齋鞠躬」「敬請惠賜一票」以及「爲民服務不辭勞怨」之類的話。

車前高懸著這位候選人的畫像，擴音喇叭架在畫像的頂上嘩喇嘩喇播送音樂。市議員的競選，開始公開活動了！

宣傳車愈走愈慢，在楊先生身旁停下來，音樂也停下來，換成一個女子的高聲尖叫：「各位父老兄弟姊妹！市議員候選人張心齋，要跟諸位說話。」行人圍攏過來，望著那個跟畫像一模一樣的人物，從畫像後面出現。他對四周的聽眾作了幾個揖，然後登高一步，然後像個銅像般的聳立在眾人的頭頂——車上有臨時搭成的講臺。他到了臺上，又向四周作揖。

「各位！」然後，他說：「兄弟張心齋，今天來對各位訴苦。兄弟承各位父老兄弟抬愛，出來競選，不爲名，不爲利，爲的是爲地方服務。兄弟沒有錢，沒有勢，也不會用陰謀，可是兄弟跟諸位一樣，看不起錢，看不起勢，也看不起陰謀。兄弟有的，是一顆心，兄弟相信諸位選民所要的，也是候選人的一顆心。現在，有一個有錢有勢的人，用陰謀打擊兄弟，他派了很多人散布流言，說兄弟病啦，病得要死啦，說兄弟半身不遂，說兄弟右手不能寫字。諸位想一想，誰願意選一個殘廢的人做議員呢？半身不遂的人還能爲大家服務嗎？所以，兄弟很受這種謠言的影響。可是，諸位！這是謠言。事實上，兄弟很健康，並沒有半身不遂。我在這裡打一段太極拳給諸位看。」

說著，這位候選人就在那個狹小的舞臺上，像在空氣裡游泳一樣，表演太極拳。觀眾看了，有的哈哈大笑，也有些觀眾非常同情這位候選人，劈劈拍拍鼓掌。

表演了幾個姿勢以後，這位候選人非常激動的說：「我是一個半身不遂的人嗎？說謊的人多麼卑鄙呀！他們還說我不能寫字！現在——」他跳下講臺，下車，站在聽眾前面，兩隻手一齊往口袋裡掏，左手掏出來一疊卡片，右手掏出來一支原子筆。他擺出來一個非常誇張的姿勢，在卡片上簽名，分送聽眾。有些學生一擁而上，每人搶了一張。哪裡來的這些學生？楊先生一看，原來正是劉保成等一班孩子。他們還背著書包，看樣子是放學回家，經過此地。

車走，人散，楊老師卻把他的學生集合起來，數一數，一共十八人。

「來，我請你們喝汽水。」楊先生推開一扇玻璃門。

這是一所多麼漂亮的屋子呀！第一個感覺，它很大，比他們的教室大得多，漂亮的桌子和椅子，一簇一簇擺著，桌子上都插著花。對面的一堵牆，全部裝著落地長窗，窗上裝著巨大的玻璃，百葉窗帘光滑的葉片被拉開了，因爲有一個人伏在桌上寫文章，需要更多的光線。十幾棵龍柏在窗前一字排開，非常整齊。屋子裡飄著柔細的音樂，顯得非常靜，比教室還安靜。驀聽得忽拉一聲水響，原來房子裡面有一座養魚池，水很翠，裡面有魚，還有蘭花的影子，魚池上空懸著蝴蝶蘭。

學生們輕輕的吸著麥管，東張西望，看屋子，看屋子裡的人。老師輕輕的說：「聽見了嗎？這是蕭邦的曲子！旁邊那個寫文章的人，是小說家隱地。許多詩人常常到這裡來討論創作的問題。看！剛進來的這個人是空軍英雄，報上有他的照片。後面進來的是他的太太，孩子。看見嗎？那邊有人吃西瓜，好厲害的近視眼，六百度。你們讀的教科書，是他編的。」又有人進來了，不止一個，七八個，有男有女，嘻嘻哈哈。甚麼也聽不見了，除了他們嘻嘻哈哈。這是○○大學的學生，他們也放學了……

喝完了汽水，楊老師問道：「這個地方好不好？」學生們這才把骨碌骨碌的眼珠穩定下來，表示「好」。那麼，「你們知道這是甚麼地方？」

不知道。

「這裡是咖啡館！」

甚麼！不可能！學生都嚇了一跳。可是，出門看招牌，上面明明寫著「音樂·咖啡。」

「事實上，並不是所有的咖啡館都很壞。」楊老師說。

二

晚間，在補習班講課，楊先生提到白天發生的事情。他說：「我深深的感覺到，我們在評論是非以前，必須先把事實眞相弄清楚。」

他說：

「我們評論是非，說這個錯，那個對，說這個該得獎勵，那個該受責備，最要緊的是先弄清事實。如果對事實眞相並不完全了解，你下的判斷就可能是錯的。兩個人打架，你得先弄清楚他們爲甚麼爭吵，怎樣由爭吵演變成打架，誰先動手，然後才可以發表意見。否則，你說甲方錯了，可能冤枉了甲方，你說乙方錯了，可能冤枉乙方。冤枉人家，就是製造不公平，我們不可以去製造不公平。」

「說到弄清事實，你們不要認爲這是很容易的工作。你們都看過電影羅生門，這部電影是說，在荒僻的地方發生了命案，案發時，有三個人在場，法官就把三個人傳來，訊問命案發生的經過情形。一問之下，三個人說出來的大不相同，每個人都有私心，每個人描述事實經過的時候，都顧到怎樣對自己有利。這個故事提醒我們，從別人口中所聽來的事實未必靠得住。

既然耳聞是虛，那麼眼見是實了吧？也不盡然。莫拉維亞在他的小說裡面，描寫一對新婚夫婦吵架，丈夫說，結婚那天請酒，咱們桌上坐了十三個人，太不吉利了。太太說，沒有那回事！我數過的，只有十二個人。十三，十二，夫婦各執一詞，由小吵變成大吵。岳母大人趕來調解，對他們說，那天席上既不是十二個人，也不是十三個人，事實上是十四個人——十二個成人外加兩個孩子。當新郎計算人數的時候，有一個孩子鑽到桌子底下去了，他看見十三個。當新娘計算人數的時候，兩個孩子都鑽到桌子底下去了，她看見十二個。這個故事提醒我們，即使是我們親眼看見的事，我們的觀察可能不夠周密，以致所得到的印象不夠正確。這種不正確反而最難糾正，因爲『我親眼看見的』，我們容易自負、自信。」

「我們現在發現了眞正的困難。一方面，我們深深知道在下筆之前必須把事實眞相弄清楚，另一方面，我們又深深知道，所謂眞相大白並不容易。人生太複雜了，許多事情不像當眾打太極拳來證明四肢靈便那樣簡單，弄清事實眞相，往往要下許多功夫，用許多方法。

據我所知，社會上有三種人，長於發掘事實眞相。一種是新聞記者，他們採訪新聞，接觸各式各樣的人，聽各種眞話和謊話，看各種眞相和僞裝，他得想辦法把眞正的事實弄清楚。還有，法官。法官問案，臺下有原告，有被告，有原告的證人、律師，有被告的證人、律師，這些人，每個人都爲了自己的利害發言，每個人都想影響法官，使法官相信他的話，法官必須想辦法把眞正的事實弄清楚。還有，歷史家。史家根據史料，追尋歷史的眞相。史料的本身，有眞的也有假的，有公正的也有偏私的，可是歷史家能揭開古人對他的重重蒙蔽，重重欺騙，找到歷史的眞面目。

記者，法官，史家，這三種人受過特別的訓練，能運用專門的方法。雖然如此，記者仍然可能報導錯誤，法官仍然可能造成冤獄，史家也不能完全避免誤斷。想想看，我們下筆論事，怎可不愼重，怎可不細心！……」

這些話是在補習班裡講的。第二天回到學校裡上課，楊先生又產生了一些意思。他劈頭說：

「你們這一班，壞透了！」

學生露出驚愕悲憤的樣子。

「有人這麼說。」楊先生接著補充。

有些學生笑了，有些學生反問：「誰說的？」

「不管誰說的，這句話對不對？」

「不對？」

「爲甚麼不對？」

學生提出各種答案。

「在我看來，這句話不對，因爲它跟事實不符。這句話裡面並沒有事實，它裡面只有感情，感情不等於事實！如果有人說，他的太太是世界上最好的女子，他這句話並不是在說明事實，而是在說明自己的感情。這句話證明他很喜歡自己的太太，如此而已。如果誰說，你們這一班最壞，那表示，他個人很不喜歡你們，如此而已。」

「感情不等於事實，意見也不等於事實。人皆有死，這是事實，說人應該及時努力，或者應該及時行樂，那就是意見了。張先生打了李先生一個耳光，這是事實，說張先生侮辱李先生，或者說他欺負李先生，那又是意見了。」楊先生在黑板上寫下：

張先生侮辱李先生——意見

張先生打李先生一耳光——事實

張先生教訓李先生——意見

「我爲甚麼說這些話呢？」

「是呀，您爲甚麼說這些話呢？」學生暗想。

因爲，對寫論說文的人來說，事實太重要了，我們得把一件事情弄得清清楚楚，才可以下筆批評。爲了把事情弄清楚，我們不免要打聽打聽，研究研究。可是，我們向人家要事實的時候，別人往往給你的不是事實，是他的意見或感情！你如果把他的意見或感情當做事實，大寫其論說文，你很可能錯了！

有一次，一位太太告訴我，鐵路警察太壞、太可惡了！我知道她的話只是一種意見或感情，就問她事實。她說，從前，她們幾位太太，常常鑽到煤車底下拾碎煤，鐵路警察跑來踢她們。後來，我跟一位鐵路警察談天，問他是否干涉拾碎煤。他說，拾碎煤的人，常常鑽到車底下去，名義上是掃拾鐵軌上煤屑，其實是察看車板底板有沒有隙縫。如果有，她們就想辦法把隙縫弄大，使車上的煤漏進自己的口袋裡。還有一種情形，停在軌道上的煤車馬上要用車頭拖走，拾煤的人還伏在車底下戀戀不捨，路警只好用不很文雅的態度催她們躲開。看，在「鐵路警察壞透了」這個意見的背後，有這麼多的事實。

論說文應該根據事實下筆，不該根據「鐵路警察壞透了」之類的話下筆。……

三

楊先生設計了一個小小的練習：

他先從宋瑞先生譯的《莫拉維亞小說選》裡面摘錄了一段文字。這段文字是一個男人的獨白，這位男主角自認爲待太太很好，可是太太反而跑了。於是他——男主角，用著像是急於得到人支持的那種口吻，敘說他如何愛他的太太。

在這段文字裡面，男主角主要的意見是：他是一個好丈夫。他舉出很多事實。單看「意見」，他是個理想丈夫，可是，看了那些事實，會產生跟男主角完全不同的意見，那就是，他幾乎不配做一個丈夫。

楊先生所摘抄的文字如下：

我走著時——依照我一貫的老調，踩著每隔一塊的鋪路石——開始問我自己對艾葛麗絲這樣絕情的離開我該怎麼辦？她好像存心要我下不了臺。我思量著，先讓我們看看艾葛麗絲是不是能夠在我身上找出任何不忠實於她的過錯來，即使是最微細的罷。我立刻回覆自己：一點都沒有。我確是向來不對女人著迷的，我不了解她們，她們也不了解我；而且自從結婚以後，她們對我說早已不存在了。我又轉到另一迥然不同的方面去尋思，希望察出艾葛麗絲之出走是不是爲了錢的緣故，這又是全不可能的事。說到錢，誠然我從來沒有因爲什麼特別的理由給過她額外的錢，可是話說回來，她要錢做什麼？請你評判評判看：每隔一星期看一場電影；兩星期上一次咖啡館，吃冷飲、喝咖啡悉由她的心意；每一個月總少不了兩本畫報雜誌，而且天天都有報紙；冬季看舞臺劇；夏季到馬里諾度假，我父親在那兒有房子。這樣的娛樂消遣還不夠嗎？講到衣著，艾葛麗絲更不應該有什麼怨尤才對。當她需要什麼時，無論是一副奶罩、一雙襪子，或是一條手帕，沒有一次我不是馬上採取行動的：陪她同去買，幫她挑選，付款不誤。做衣裳、買帽子也是一樣，每次她對我說：「我要做一件衣服，我要買一頂帽子，」我沒一次不是立刻回答：「好，我和妳一道走。」尤其你得認清一點，艾葛麗絲並不貪心：在我們結婚一年之後，她便幾乎完全不再向我要什麼衣服東西了。

這樣說來，無論是在精神上或物質上，都不成其爲理由。剩下來的莫非是律師們所謂的「性情不投」了？於是我又問我自己：我們究竟可能有什麼性情不投的地方存在著呢？在兩年的夫妻關係上，我們之間就從未爭執過，唯一的一次都沒有過。我們是形影不離的，假使有一點性情不投的地方存在著，那是很容易看出來的。可是艾葛麗絲就從來沒有跟我鬧過什麼彆扭，事實上，幾乎可以這樣說，她是從來不說話的。就如我們晚上上咖啡館或是兩口子在家裡對面坐著的時候，她也會壓根兒口都不開，只我一個人在說話。我不否認，我喜歡說話，並且喜歡聽我自己在說話，特別是面對一個與我關係親密的人。我說話的方式是平靜的，一貫的，沒有什麼抑揚頓挫，是有條理而又流暢的。若是談起什麼題目來的時候，我會從頭至尾抽絲剝繭的講它個痛快淋漓。同時我愛談的題目都是屬於家務這一類，我喜歡談物價，談家具擺置，談烹調與溫度，什麼瑣碎都談，只要是有關家務的，這是事實。我一談到這些事情就津津有味，樂而忘倦；其興趣之大，竟似飲醇醪，反覆品嚐說個沒完。照說——我們說公道話——對女人來說，這當然是最適當不過的話題了，不然的話，又說什麼呢？

通常做丈夫的大抵都有他們的辦公處所或店舖，或不然就是無所事事也會有三朋四友互相約會在外面閒逛尋樂。至於我呢，我的辦公處所、我的店舖、我的朋友——都就是艾葛麗絲。我從不離開她片刻，甚至於——說來你也許會驚奇——在她做飯的時候我也是跟在她身邊的。我有下廚房的嗜好，每日三餐，我總是繫上圍身布在廚房裡協助艾葛麗絲的。我樣樣都會做：削洋芋皮、剝蠶豆、準備作料、察看火候。我是這般得力，使得她常對我說：「你去弄吧……我有點頭痛，我要去躺一下。」除了做飯之外，我還喜歡洗衣服、熨東西、縫紉，甚至空閒時我會找出一些手帕來，重新繡過它的邊。誠如我所說的，我眞是從來不離開她的，就是她的閨友或她母親來訪，我也是照樣守在一旁；甚至她爲了某種理由忽然想學英語，我也一道去學，努力與那艱難的外國話搏鬥。一個像我這樣的好丈夫，是不容易尋找的。

在這段文字裡面，「意見」和「事實」交錯。這次練習的做法是：1.分辨其中哪些是意見，哪些是事實；2.塗去原來的意見，只留事實；3.根據事實，另寫一篇文章，指出這位丈夫的缺點。補習班裡面有一個學生，就原來的文字加以刪改，寫成一篇「悔過書」，既省力，又討好：

我一面走，一面思索：艾葛麗絲爲甚麼這樣絕情的離開我？我走路的習慣是，踩著每隔一塊的鋪路石。我從自己走路的習慣，開始發現自己的缺點。我的步伐實在呆板，而且，我和艾葛麗絲同行的時候，從來沒有想到應該配合她的步子。我從來沒有愛一個女人到忘我的程度，包括艾葛麗絲在內。我不了解她們，包括艾葛麗絲在內。接著，我想到錢的問題。支配家庭預算本來是女人的權利，逛逛商店，買買日用品，是主婦的樂趣。可是我完全剝奪了艾葛麗絲的這種權利和樂趣。所有的錢都在我手邊，一切用度由我規畫執行。我規定，每一星期看一場電影，兩星期上一次咖啡館，冬季看舞臺劇，夏季到馬里諾度假，在她的心目中，生活一定呆板得像兵營一般。有時候，她表示想去買一點東西，一雙襪子或是一條手帕，我立刻說：「我去」，就不容分說跑出去買來。買這種貼身的小物件，一定要親手挑選才有意思，原不該由別人代勞，我過去怎麼沒想到呢！我的專斷行事，一定使艾葛麗絲覺得添置任何東西都索然無味，所以，在我們結婚一年之後，她乾脆甚麼東西也不要了。

有很多夫婦，他們的感情在一再爭吵之後才破裂的。我和艾葛麗絲，兩年以來從未發生任何爭吵。她從來不說話，不表示甚麼意見，靜聽我一個人滔滔不絕。回想起來，我們的婚姻關係的危機也就在這地方，我太喜歡說話，並且太喜歡聽自己說話，而我說話的方式又那麼低沉，沒有甚麼抑揚頓挫。同時我愛談的題目，都屬於家務一類，我一談到家務事就津津有味，樂而忘倦，艾葛麗絲只好坐在對面不開口。當我在享受談話之樂的時候，她大概是在忍受聽話的痛苦吧！可憐，我竟不知道，談話的藝術是引起對方說話的興趣；我竟不知道，侷促在女人的世界內，背誦家具，物價，烹調的溫度，實在沒有做丈夫的氣概！

如果我能有我自己的世界，比方說，辦公室，店鋪，三朋四友，那麼，我就不至於天天在侵犯占領艾葛麗絲的世界，那麼艾葛麗絲偶然也能自得其樂，忘卻煩惱，她也許不至於一走了之。可是，我的辦公室，我的店鋪，我的朋友，都是艾葛麗絲。我從不離開她片刻，即使在她做飯的時候，我也一直在她身邊。我樣樣都會做：削洋芋，剝蠶豆，準備作料，察看火候。她常常對我說：「你去弄吧，我有點頭痛，我要去躺一下。」我竟然還不明白，她之所謂頭痛，乃是對我極度厭煩的表示。唉，可憐的艾葛麗絲，她從來沒有一點私人的生活，就是她的閨友或母親來訪，我也照樣守在一旁。有一次，她忽然要去學英文，那一定是她再三想出來的一個辦法，使她每天總有兩個小時可以逃避現實，而我偏偏要跟著一同去學。我太不知趣了！是我這不知進退的丈夫，把妻子逼跑了！

倒采

一

吳強和楊老師單獨談天：「莫拉維亞的那篇小說（註），是描寫一個丈夫有很多缺點，他的太太厭惡他，終於逃走。對嗎？」吳強問。

「對的。」

「爲甚麼寫這篇小說的人，把男主角的那些缺點，都當做優點說出來呢？那明明不是優點呵！」

「是呵，那明明不是優點，男主角卻自以爲是優點。作者的意思也許是，有些人是沒有自知之明的，他把事情弄糟了，卻想來想去都是別人錯。」

說到這裡，楊先生腦子裡忽然映出一幕幻景。在本校十周年校慶的晚會上，同學們演出了一幕話劇。他們當然缺少經驗，不過沒有關係，看自己熟識的人粉墨登場，這本身已經是一件樂趣，所以那天晚上，大禮堂裡座無虛席，跟甚麼名片上映的盛況差不多。話劇演到一半的時候，有一段臺詞是：

女主角：你喜歡我嗎？

男主角：當然。

女主角：（指桌上的瓶花）折一朵花給我。

男主角：（折花獻上）

女主角：（嗅花）啊！這花眞美！眞香！（向男）你坐下！

男主角：（退後兩步，坐下）

演到這一段情節時，男主角有些慌張。女主角問：「你喜歡我嗎？」男主角竟忙不迭的說：「不！」女主角一怔，接不下去，兩個人在臺上你看我，我看你，手足無措。觀眾知道出了毛病，大聲喊：「好！」站在舞臺幕後提詞的人，連忙告訴男主角「去折花！去折花！」男主角如命折了一朵花捧給女主角，女主角嗅花，吩咐「你坐下。」這時候，男主角實在緊張極了，忘了退後兩步，就坐下去，結果，沒有坐在椅子上，跌了個四腳朝天。觀眾又大聲喊：「好！」並且熱烈鼓掌。

從幻景回到現實，楊先生問吳強：

「校慶的時候，有些同學演話劇，你看過嗎？」

看過。

「還記得嗎？有一個地方演錯了，大家反而鼓掌叫好。」

記得。

「既然演錯了，爲甚麼還要鼓掌叫好呢？你一定知道，這是喝倒采。倒采的作用是，對演員，刺激他的羞惡之心，使他難爲情；對觀眾，誇張戲裡的缺點，使大家注意。所以，倒采是一種批評的方法。莫拉維亞批評那個毫無男人氣概的丈夫，就用這種方法。」

「有沒有人用這種辦法寫論說文？」

「有的！事實上，我們在說話的時候，經常使用這種方法表示意見。我們看見一個人戴了一頂奇怪的帽子，很可能對他說：你的帽子眞漂亮！有人做了對不起我們的事，我們很可能說：很好！俗語說：人不爲己，天誅地滅。這句話難道眞要提倡自私嗎？不是，它很沉痛的責備自私。俗語說有錢的人坐上席，這句話難道是提倡禮貌嗎？不是，它指出社會上有很多人太勢利。這些都是說反話，喝倒采。」

楊先生想了一下，又說：

「文學作品裡面應該有很多例子。我記得，在《紅樓夢》裡面，賈母有一個丫鬟，名叫鴛鴦。賈府的一位老爺，看見鴛鴦漂亮，非要討她做姨太太不可。鴛鴦不答應，向賈母哭訴。老太太一聽，氣得直發抖。在《紅樓夢》所描寫的那個大家庭裡，老太太生氣是驚天動地的大事，上上下下都嚇壞了，獨有鳳姐，裝出滿不在乎的樣子對賈母說：『這不能怪別人，都要怪老太太。誰教老太太這麼會調理人？誰教您把鴛鴦調理得這麼可愛？』這話好像是埋怨，其實是頌揚，所以老太太立刻回嗔作喜，眾人也都放了心。」

「我還記得莎士比亞有一段臺詞，也用過類似的方法。」他把朱生豪譯的《凱撒大帝》拿在手裡。「羅馬的偉人，凱撒，是被他的部下布魯特斯刺死的。凱撒死後，他的另一個部下安東尼，要求到廣場去向人民發表追悼演說，布魯特斯答應了，但是附有一個條件：『不能說我們的壞話』。安東尼接受了這個條件，他在演說中屢次聲明布魯特斯是個正人君子，但是，民眾聽他講完了，掀起一陣風暴，非要殺布魯特斯不可。」

楊先生最後的話是：「用喝倒采的方法寫論說文，大有可能，可惜我們不能馬上找到最典型的範文。」

二

到哪裡去找一篇範文呢？楊先生時時有這個念頭。

「我需要一篇範文：用喝倒采的方法寫成的。」他時時提醒自己。

「曾經看見過一篇這樣的文章嗎？……有這個印象嗎？」他常常拿這話問朋友，朋友皺眉，搖頭。

幾乎失望了，他以為再也找不到了，可是這天打開報紙，得來全不費功夫。

看完了一篇文章以後，他高喊：「有了！」

這篇文章討論公共汽車的改進問題。

公共汽車班次太少，乘客太擠，車掌和司機的態度太壞，輿論一再要求改進，可是公共汽車依然故我。這是有道理的。

在我看來，搭乘公共汽車，是非常有益的健身運動。上車之前，人人爭先恐後，奔向車門，完全像是打橄欖球。等到擠上了車，你就是砌進人牆裡的一塊磚，四面八方都是壓力，而你到底不是磚，所以要用力量抗拒各方面的壓力。車子在行進的時候是顛簸擺動的，而且是要忽然急轉彎的，你不能不時時調整重心，重新部署防禦力量，這樣，身體的各部份肌肉，都有了鍛鍊的機會。

有時候，車輪忽然煞住了，全車的人像一群搶泡泡糖的頑童，一齊衝向前去，以致車廂後面有一大塊地方都空出來了。這不但再一次提醒你惰性定律是可靠的，而且也證明車內乘客的擁擠，並不如外傳之甚。自然，在這衝上前去又退回來的過程中，每一個人都能培養出應付突變的能力。

最後，你下車，你就像由健身房或體育場歸來一般，血液暢通，肺活量增加，新陳代謝良好。而這一切，都是在回家途中完成，並不需要另占時間。

至於車掌小姐，那是一些經常憤怒著的女孩子。我們不知道她爲什麼憤怒，但是，我想，我們應該像碰見怒蛙一樣向她致敬。她總是嫌你上車太快而下車太慢，她每次關閉車門都幾乎夾著你的手指，你如果問她應該在哪一站下車換車，那眞是愚不可及，對於愚不可及的人，我們也是不加理睬的。不要生氣了，忍耐是最重要的一項美德，「人生就是學習忍耐」，誰不知道這句格言？

況且，命運並不一直這樣黯淡。有時候，當你或我被砌進人牆的時候，旁邊可能緊挨著一塊美麗的瓷磚，那是說，緊挨著一個漂亮的女郎。除非在這樣擁擠的公共汽車裡，你在其他地方不可能跟她這樣親近。由於你們都不是磚，所以，在車身顛簸擺動的時候，你倆是在跳舞了。進這樣的舞池，只花一塊錢買門票，而且省掉了回家的車資。

爲甚麼要改變公共汽車的現狀呢？讓它維持老樣吧！

這篇文章，成了作文課的講義。發講義的時候，楊先生加了一段解釋：

「一般的論說文，都從正面下筆，對的，作者說它對，錯的，作者說它錯。可是，另外有一種寫法，某人不對，作者偏說他對，某件事錯了，作者偏說沒錯。這種寫法，又絕不是說假話，而是故意說反話，讓讀者一看就知是反話。請注意這樣寫有兩個條件，第一，寫的是反話。第二，一看就知道是反話。這樣寫，可以寫得很幽默，很俏皮，如果弄不好，也可能寫得很輕浮、很刻薄。」

同學們對這種寫法發生極大的興趣。他們平時所受的文字訓練，都是規行矩步，日子久了，覺得沉悶，如今忽然聽說寫文章可以故意說反話，每人都有放了假一般的感覺，個個躍躍欲試，於是發生了下面的一件事。

附近的幾家學校，決定聯合起來舉辦一次演說比賽，每個學校的每一年級，指派一個代表參加，呂竹年國語正確，儀表瀟灑，被選爲代表之一。這幾天，他天天捧著題目研究怎樣寫那篇講稿。題目是「我對惡性補習的看法」。

「老師，我用喝倒采的辦法去演講，行不行？」

楊老師沉吟了。

「這是很困難的。演講不比寫文章，它有聲調和表情，你說反話的時候，得用聲調和表情幫助，萬一弄不好，變成油腔滑調，給評判員的印象很壞。」

「老師……」呂竹年繼續要求。

「好罷，試試看。你先把稿子寫來。」

我對惡性補習的看法

在我看來，惡性補習有很多好處。

所謂惡性補習，是不分寒暑假都補習，不分白天黑夜都補習。補習要繳補習費，所以，學生家長在正規的學費以外，每年要另外拿出一大筆錢來，有了這筆錢，就可以提高老師的待遇，老師的待遇是應該提高的。這是惡性補習的第一個好處。

惡性補習大概從小學五年級開始。有些學校特別提前，從四年級開始。四、五年級的小學生，不遊戲，不運動，不唱歌，不聽故事，天天捧著各科大全死背死啃，有很多學生覺得眼睛不舒服，常常看眼科醫生；有些學生消化不好，常常看內科醫生；有些學生天天沒精打采，悶悶不樂，得去看神經科醫生。這樣，醫生的生意好起來了，醫療事業可以發達，民眾也增加不少醫藥常識。這又是惡性補習的好處。

孟子說過，如果老天要產生一個偉大的人物，一定先用種種方法折磨他，弄得他吃不飽，穿不暖，弄得他睡眠不足，整天疲勞不堪。一個偉人在沒有成偉人之前，先要傷透腦筋，不能忍的都忍了，不能受的都受了，然後才有做偉人的希望。我們希望下一代能多出幾個偉人，可是，誰來叫他們挨凍受餓？誰來剝奪他們的休息和睡眠？誰能使他們動心忍性？當然是惡性補習，惡性補習是偉人的先修班。這是我對惡性補習的看法。

楊先生把這篇稿子仔細斟酌一番，又拿去和胡主任反覆商量，再由呂竹年一再試講，替他修正語調和表情方面的缺點，終於讓他帶著這篇演說稿去了。

三

經過楊先生的提倡，呂竹年的示範，說反話成了一時風氣。有一次，同學們談天，談到跳舞，一個學生就說：「跳舞很好，鞋子磨破了，可以換新鞋；男朋友一天比一天多，偶然鬧出社會新聞，還可以登在報上出出風頭。」

公共汽車爲了服務乘客，在很多停車站建築候車亭，使上車下車的人不受雨淋日曬之苦。附近有一個候車亭，骨架業已搭起來，不知爲甚麼，好久好久還沒有蓋頂。一個學生說：「這樣很好！下雨天可以站在這裡沖涼。」

有一個學生說：「爲甚麼一定要我們穿制服？隨便穿衣服不好嗎？」另一個學生接口：「對啊！有錢的學生穿得花花綠綠，也可以刺激窮學生上進。」

這裡那裡，也多添了些口角糾紛。例如某生在當選模範學生以後發生下面的對話：

甲：喂！模範生！

乙：怎麼，你說我不夠模範嗎？

甲：你這個人！比以前多心了！

乙：是啊！我以前很笨，沒有你聰明。

甲：我們的感情一向很好……

乙：可惜現在不大好了。

…………………………

可以告慰的是，呂竹年捧著大銀盾回來了，他的國語和儀表都得到滿分，占了大便宜。至於他演講的內容，也引起了很多評判委員的注意。有一位評判委員，「內容」一項給呂竹年畫了滿分，事後卻把他喊過去：

「是楊先生教你國文？」

「是的。」

「楊先生是我的好朋友，我寫一封信，你替我帶去。」

楊先生打開這封信，上面除了問候一類的話以外，談到呂竹年的演講稿。信上說：這種喝倒采的寫法，免除了很多陳腔濫調，的確在演講會上顯出特色。不過，「反語之法，乃不得已而用之」，所謂不得已，是有話不便直說，只好繞彎子，年輕人沒有分寸，很可能流爲輕佻儇薄。「教學如扶醉人，扶得東來西又倒，吾兄諒必有此經驗也。」

楊先生覺得這位老朋友眞熱心，見解也很對，立刻回了一封長信。

（註）見上一章「咖啡館」。

中國小姐

一年一度，在美國的長堤、英國的倫敦，舉行世界性的選美。我們這裡有很多人對這個別開生面的國際活動發生濃厚的興趣，一連幾年選出「中國小姐」前往參加，得到很高的名次。

選美這件事太有戲劇性了。倘若沒有選美，那女孩子只是一個平凡的人，是你在廣場上、馬路旁隨時遇見的那種人。經過選拔會一連串的操作，像受了魔術師的點化一般，她立刻高懸在我們頭頂，光芒四射。她不吃小店裡的擔擔麵、小攤上的冰棒了，不去擠公共汽車了。她換了一個世界，她的世界裡到處是紅氈，到處是鎂光，到處是名流們溫軟的手，還有，到處是新聞記者，她打個噴嚏也是新聞。你可以在電視幕上看到她，在畫報的封面上看到她，在照相館的櫥窗裡看到她。你看，成功是很容易的事情，人生眞是美滿、大地眞是平坦！

中國小姐的選拔，在社會上引起一陣一陣的轟動，也招來一陣一陣的議論。由這些議論，可以發現人類的意見繁複龐雜，極不「統一」。楊先生忙裡偷閒，用心搜集由選拔中國小姐所引起的議論，加以比較，他覺得很有趣。

有人說，太平盛世選美，可以給社會添一點美麗的點綴，可是在非常時期選美就是無聊的玩藝兒了。試問美有甚麼用？美能使敵人在陣前退卻嗎？美能使傷兵在手術枱上止血嗎？在非常時期，頂重要的人是勇敢健康，冒險犯難，或者有過人的智慧能創造發明，或在本位上安分守己貢獻自己的力量，至於誰的眉毛畫得好？誰的小腿圓潤？那是不值得如此費事去討論去表揚的！

又有人說，選拔中國小姐對社會風氣有不良的影響，有些候選人花很多很多錢治裝，爭奇鬥艷，不遺餘力，在她們的影響之下，儉樸的風氣受到了損害。一個女孩子，除了在選美中保持美好的儀態，不需要再努力什麼，立刻可以得到大名大利，別人辛勤一生所積累的成就，相形之下都黯然失色，無形中增長了許多人行險僥倖的心理。

還有人說，選出中國小姐去參加國際選美活動，完全是崇洋媚外的行爲。中國人對淑女的要求是嫻靜端莊，現在丟棄了自己的標準，去遷就外國人的標準，一個個袒胸露腿，甚至公布三圍數字，不遠萬里去求外國人的賞識，人家說美，就認爲是莫大的榮耀，人家不說美，就垂頭喪氣，簡直完全喪失了民族自尊心。

以上是反對的意見。

贊成的一方面，有人認爲選拔中國小姐有教育意義。中國小姐在競爭過程中受萬人矚目，她們的談吐、儀態，對千千萬萬的少女發生潛移默化的作用。競選失敗的人所表現的大方、自制的風度，也可以給別人很好的啓示。至於當選人本身，出國旅行，環遊世界，行萬里路勝讀萬卷書，也可以學到很多在家庭裡和在學校裡學不到的東西。

有人說，外國人對中國，還有許許多多成見，他們誤以爲中國婦女還在纏小腳，以爲中國男人都開飯館洗衣店。有些外國人不關心政治，對中國的印象很淡，現在，中國小姐來了，她到那裡，中國的國旗插在那裡，中國的國號寫在那裡，「中國」就在那一帶居民的心目中留下很好的印象。這是很好的國民外交活動，對國家很有幫助。

有人說，世局太緊張了，社會上的罪惡太多了，打開報紙，國際版有侵略者的咆哮，社會版有謀殺的血印，這裡貪污，那裡倒閉，使人緊張極了也煩惱極了。有人辦理選美，在社會上製造一點輕鬆，製造一點賞心悅目的光景，鬆弛一下人們的神經，是一件好事。

……………

平時寒暄的時候，人和人之間似乎沒有歧見，可是，一旦面對比較突出的問題，那就無可避免的要「仁者見仁，智者見智」，即使是父子兄弟之間，也不見得能意見一致。

人是複雜的動物，對同一件「事實」，有各種不同的看法，對同一事實的價值，有彼此不同的評判，這因爲，各人有各人的是非標準。「標準」是深藏在他心裡的一把尺、一塊試金石。他拿外面發生的事實，向這塊試金石上磨一磨，用這把無形的尺量一量，然後他說，這件事是對的，是不對的，說它的價值很大或價值很小。評判是非固然要弄清外面發生的事實，尤其要在內心建立一個標準，沒有標準就不能判斷。

選拔中國小姐是一件很突出的事實，它引起很多人的注意，很多人都要用內心的一把尺，量一量它的尺寸，用內心的一塊試金石，試一試它的成色，結果，產生了各色各樣的意見。各人意見不同，是由於各人內心的「標準」不盡相同。

認爲「美麗不能禦敵」的人，在使用所謂「戰時標準」，主張「國民的生活條件跟戰鬥條件一致」。女孩子不該美容，應該學救護。女子的音樂造詣，不必超過戰士們的欣賞水準，她們在洋裁方面的能力，應該先滿足聯勤被服廠的需要。女子，無論她多麼美，她存在的價值，永遠在一個突擊英雄之下，人們對她的注意，永不該超過對前線軍官的注意。

認爲選美妨害善良風俗的人，在使用一個道德的標準。他主張女子的美應該含蓄，不該招搖，應該隱藏，不該誇耀。他認爲，憑著自己的漂亮在社會上得名得利總不是正路。

把選美看成崇洋媚外，他是個非常狹隘的民族主義者。他早覺得中國人太依賴洋鬼子，英制美制在中國太流行，現在連中國女人美不美都要送出去由洋大人鑑定，實在教人看不過去。中國有自己的國格，中國人有自己的人格，爲甚麼這樣處處仰人鼻息！

另外一些人又另有一套看法。教育不僅在學校中，也在生活裡。成功的路不只一條，條條大道可以發展自己完成自己。用這個尺度來衡量，選拔中國小姐就有了教育意義。

有些人到過外國，看見過人家的做法，深深知道一個美女，一個運動員，往往能使一國國民對我們的國家覺得親切可愛，那效力，勝過外交大使的十次演說。用這個尺度來衡量，派中國小姐出國其中關乎國家的利益。

也有人覺得這些話統統太迂了，人生，哪能每一件事都這麼嚴肅，事實上人生充滿了未必有益然而無害的事，有了這些事，人生才不太緊張，不太枯燥，人的神經才不致於崩潰。選拔中國小姐之舉，未必有益，然而無害，所以可辦。

這樣看來，「標準」太重要了，有標準，才可以言之成理，沒有標準，免不了要徬徨困惑。幾個人標準相同，謂之志同道合。沒有標準，就沒有意見，沒有意見怎能寫論說文？錯誤的標準，產生錯誤的意見，又怎能寫出一篇站得住的論說文？就文章的形成來說，先有標準，就學習的過程來說，可靠的標準往往到最後才建立。教人寫論說文，應該先助人建立標準，可是，標準的建立，絕不是一門功課、一個教師所能獨力完成的。追究到這一層，眞覺得茲事體大。

建築這個「標準」的材料是什麼？

最重要的是知識。

如果有人對我們說，今天月球上投票選舉總統，我們立刻可以斷定這是胡說，因爲根據我們現有的科學知識，月球上不可能有「大選」。科學知識是我們胸中的標準，憑著它，我們可以肯定的說香灰不能治病，照相機不會攝去人的精魄。憑著國際知識，我們又知道中國小姐可以促進國民外交。知識產生判斷是非的能力，知識愈正確，判斷愈可靠。

除了知識，還有「約定」。

選拔中國小姐，照例要選一位未婚少女，如果選出一位家庭主婦，大家一定大呼「錯了！」因爲根據約定，結了婚的女子是「太太」。每年快要過陰曆年的時候，債主紛紛向債務人討債，債務人也「應該」在這時候還債，如果他實在還不出來，債主逼到大年夜，就「不許」再逼，這是民間的一種約定。如果到了大年初一，債主見了債務人不說「恭喜」而說「拿錢來」，大家會批評這個討債的，認爲他做得不對。

除了約定，還有個人的理想。

很多人，尤其是社會改革家，往往先懸一個理想，朝這個理想努力，在他的心目中，人與事的是非，要看跟他的理想配合還是衝突。「生活條件與戰鬥條件一致」是一種理想，選拔中國小姐不合這個理想。「每一個清寒的學生都該免繳學雜費」是一種理想，現在各學校的收費辦法不符合這理想，抱有這種理想的人，就要批評現行的收費辦法不對。

理想可以變成知識。當法國還在國王和貴族手中的時候，《民約論》裡面的那些主張只是對法國前途的理想，可是，到後來，它變成政治常識。知識也可以變成一個人的理想，一個青年，在有了太空方面的知識以後，可能主張努力發展太空科學。

約定可以變成知識，「欠債還錢」本是一種約定，到今天，債權問題是相當複雜的法律知識。知識有時也變成約定，有關公共衛生的許多「約定」，大半是知識普及以後變成的。

約定，有時候實在是一種理想。例如各種的誓詞、公約之類，沒有人能完全做到，它是一個人或一個團體的理想，披上了約定的外衣出現。在這種情形下，理想很容易產生「約定」。

知識可能跟約定牴觸。想當年家長把孩子送到學校裡來，再三拜託導師說：「孩子如果不用功，請您儘管打。」導師果然動手打，孩子果然乖乖的用功，可是，「知識」

告訴我們，這是不好的。

約定往往與理想抵觸。男女結婚要擺酒席，僱樂隊，鋪紅氈，放鞭炮，這是「約定」。很多人在未結婚前有一個「理想」，希望自己的婚禮能簡化革新，不落俗套，可是事到臨頭，掙不脫社會習俗的約束。

楊先生把知識、約定、個人理想三者的關係排列起來，寫在一張卡片上，不禁想起自己的許多往事。

他想起，人本來是渾渾噩噩的，那時候根本不知道有是非。長大以後，人生多半有一個時期覺得苦悶、迷惑，內心有劇烈的衝突，覺得不容易判定是非。再過若干年，這個人成熟了，定型了，他有了自己的見解，達到「不惑」的境界。這是思想發育的過程。在那些成長發育的日子裡，人不斷的吸收知識，發現約定，編織理想，這三樣東西日夜在心中，相生相剋，加減乘除，最後得到平衡，這時，他也就得到了判斷是非的標準。

人的個性、氣質不一樣，歷史、環境不一樣，所吸收的知識、所接觸的約定不一樣，個人的理想不一樣，知識、約定，理想三者，在每個人內心加減乘除的計算式又不一樣，結果產生了幾千幾萬個是非標準。以打牌而論，有人認爲打牌絕對是錯的，有人認爲打牌是正當娛樂。在這兩個極端之間，還有：

豪賭是錯的，打小牌是對的。

通宵戀戰是錯的，只打八圈是對的。

與賭徒聚賭是錯的，跟好朋友逢場作戲是對的。

只要不瞞著太太，打牌不算壞事。

只要能維持好的牌品，打牌不算壞事。

只要常常贏錢，打牌就不是壞事。

只要不動用子女教育費做賭本，打牌不是壞事。

……………

幾乎每個人，都想擴大使用自己的標準，希望別人依從他的判斷。同時，幾乎每個人，標準一旦在內心形成，就很不容易改換。所以，人與人很容易發生爭執。論說文，不論寫得多麼含蓄，它無可避免的要伸張自己的標準，削弱另一些人的標準。這就是所謂「論說文的戰鬥性」。

可是「戰鬥性」這樣的字眼太容易使人誤解了。認爲自己的標準是唯一的標準，是至善的標準，寫起文章來聲色俱厲，奮不顧身，那會變成一個暴戾的論客……

「我想得太遠了。」楊先生從冥想中醒過來。

「目前的問題是，怎樣幫助我的學生得到一個標準。」

實在想不出辦法。你不能在黑板上抄幾句話，說「這是標準」。你不能印一份講義，說「這是標準」。你不能介紹一本書，說「這是標準」。你只能盡量把好的東西告訴他們，把有啓發性的事物指給他們看，任他們的心靈自己去組合去分解，去發生秘密的震動。

結果，他決定不談「標準」兩個字。

就事論理

楊老師的一群學生關心論說文的作法，喜歡讀報紙上的方塊專欄，常常把自己喜愛的文章帶到學校裡來，跟同學們一塊討論。

且說這天，劉保成發現這樣一篇短評：

長短輕重

不錯，鬧市施工建築，像翻修馬路，埋水管電線，居民行人要承擔痛苦。在這個大原則之下，好政府、好官吏儘量減輕縮短人們的痛苦，沒有效率的政府卻無情的加重延長。

大都會交通繁忙，而交通又常常爲修路的工程阻塞，而立了合同定下進度的工程，又總是一再延期。目前正在施工翻修的一條幹道，拖了三年，到現在滿街坑洞，廢棄的材料和待用的材料長久堆積，塵沙漫天飛揚，加重了也延長了市民的痛苦。

台灣是個有颱風的地方，每逢颱風帶來豪雨，馬路積水成河，行人看不見水底有坑，一步錯了就得游泳出來。我們親眼看見摩托車的騎士一頭栽進去，若非行人仗義營救，恐怕會淹死。成什麼話！這樣還能算是現代都市嗎？

這般遭遇，常使都會中的小市民蒼茫四顧，思量市長幹甚麼去了？議會幹甚麼去了？社團幹甚麼去了？偏偏現在是冬天，冷風吹上行人的臉，把他們吹成孤兒。

這時候，我們選出的議員，應該站出來發表公開聲明，譴責工程品質惡劣，或者提案徹查工程有無弊端。如果他不作聲，請納稅人記住他的名字。這時候，市長應該站出來有個說法，作個交代，應該親自到工地視察，督促改善，如果他不現身，請納稅人也記住他的名字。

痛苦也許無可避免，但「延長」和「加重」都可以預防，應當預防而不能預防，就是失職。你我身爲選民，大家發個誓，許個願，那失職的人，我們牢牢記住他的名字，他以後再出來競選，咱們說甚麼也別投他，誰來拉票也別理，寧可把票投給他的敵手。

短評的作者屬名「易言」。讀完了，大家開始推理：騎摩托車的人栽進馬路上的水坑裡，正是在他們學校門外發生的意外事件。別的地方有沒有發生過？沒聽說。寫文章的人說他「親眼看見」，莫非這位「易言」就住在學校附近？報紙的讀者一向想知道時事短評的作者是誰，因爲這一類短文貼近他們的生活。

從此他們注意易言的小專欄，兩天以後，他們又看見一篇：

媒體・霉體

台北，一個姓吳的，跟一幫惡少結夥，去綁架仇人。他們把三個仇人押到郊外，痛打一頓，再強迫三人用自己的十根手指頭挖坑，挖到血肉模糊，然後，用那個坑把三個人活埋了。姓吳的承認，他是從電影學來的。

香港一名大盜，開著號稱「怪手」的挖土機，挖走銀行門側的自動提款機。那玩藝兒的重量是七百五十公斤，牢牢的砌在鋼骨水泥的牆壁裡。他怎麼會想到使用「怪手」？也是看電影、學做案。

廣州來的報導說，兩名十七歲的男孩，挾持一名十歲的孩童，先把他勒死，再打電話給他父親勒索贖款。他們還把男童的眼珠子鉤出來，以防警察從死者的瞳孔裡看見兇手的影子。這一切，全是電影告訴他們的。

美國的例子就更可怕了：洛杉磯，十七歲的少年和他十五歲的表弟，非常喜歡一部叫「驚聲尖叫」的電影，一連看了十幾遍。一天，他們就模仿電影情節，用四把型式不同的刀子和一把螺絲起子，在母親身上刺了四十五個傷口。任她尖叫死亡。

在達拉斯，七歲的男孩醉心於電視上的職業摔跤，摔死了他三歲的弟弟。評論家談論暴力問題，創造了新的名詞：演示暴力過程供人觀賞，謂之「暴力遊戲」，暴力思想和技術，謂之「暴力文化」，公認兩者有連帶關係。美國兒童在年滿十八歲時，已看過四萬件謀殺遊戲，二十萬個駭人的暴力場面，中國呢？天知道中國的統計數字是多少？

長期密集的暴力表演，形成暴力文化。既是文化，也就自然而然跟著做，不知道那是錯的。所以，有一天，他們犯了罪，站在法庭上受審，還無所謂，不後悔。暴力表演使許多人的心智麻木了，把許多人的惡性激發出來，不啻在人群中預置了無數定時炸彈。他們可能是幼年人，可能是青年人，也可能是中年人。

想不到，距離魯迅寫「救救孩子」八十年了，怎麼反而聽見有人哀呼「救救人類」？！

龔玫讀了這篇文章，向吳強、劉保成、金善葆等人揮舞報紙，大喊：「我知道文章是誰寫的了！」大家的腦袋朝文章湊過來合計一番，沒錯，小專欄的執筆人是楊老師，他前天對同學們說過，媒體可以是「美體」，也可以是「霉體」，全看怎麼使用。

大家到辦公室找楊老師，楊老師笑一笑，證實同學們的推測。

「老師爲什麼早沒告訴我們呢？」金善葆問。

「寫這種小專欄，作者照例使用筆名，有人來問，不說謊，沒人來問，自己不張揚。」吳強提出一個比較重要的問題：「老師！您這篇文章的寫法，跟以前在課堂講的方法不一樣？」

楊老師說：「對！說來話長，我們上課的時候再談。」

「其實，『媒體霉體』的寫法，和我以前講過的文章作法，仍然是一致的。」楊老師說。

我以前說，寫論說文先有一個是非判斷的句子，接著列舉證據，用算術公式表示，是3=1+1+1。現在把排列的次序換了一下，寫成1+1+1=3，也就是先列舉證據，後建立是非判斷。

你們看，「媒體霉體」先舉五個案例作證據，指出電視和電影中的暴力表演，會在社會上產生暴力行爲。暴力表演太多了，無法都寫出來，所以下面使用統計數字，使讀者以此類推，想像後果之嚴重。最後該下結論了，沒有出現是非判斷的句子，以反問的語氣讓讀者去思考，是非判斷卻在題目裡搶先預告，它說媒體也是霉體。

楊老師用強調的語氣說：

文章並非只有一種固定的作法，所有的作法都可以變化。還有，文章作法有我們已經知道的方法，（前人留下來的方法。）還有我們不知道的方法，（今人和後人繼續創新增添的方法。）教書的人只能教已知的方法，也鼓勵實驗未知的方法，不過要注意，升學考試一定要用已知的方法，考場可不是你的實驗室喲！

龔玫發問：「老師說過，媒體也是美體，媒體提供知識娛樂和新聞，對社會有很大的貢獻，怎麼沒有寫出來？」

楊老師歉然一笑：這種小專欄有它的局限，它只有巴掌大一塊地方，只能寫幾百字，如果面面俱到，恐怕多半要寫成一篇大綱，讀起來枯燥無味。它多半要重點突出，吸引讀者的注意力。再說，小專欄的文章由新聞報導引起動機，社會上發生了活埋仇人的新聞，報紙上也就立刻出現「媒體霉體」這樣的文章。

最後，楊老師說：「我也有很多材料，證明媒體也是「美體」，只要有機會，隨時可以再寫一篇。」

洗手

「飯前便後一定洗手。」我們都從小接受這樣的教育，照情理推想，人人都養成了洗手的習慣，彼此都可以放心。

可是，有位市議員說，據他調查，那些路邊攤賣食物的人，便後並不洗手。他的報告使人大吃一驚。誰沒吃過路邊攤？逛夜市，吃小吃，還是招攬遊客的文化特色呢。豈有此理，大家這樣看重你，你怎麼可以……？你太對不起顧客了！

我們推想，路邊攤做生意取水困難，只好「免洗」，另外有些地方，既賣食品，又有自來水嘩嘩流淌，他們的手當然乾乾淨淨。誰知道，據美國一個叫「國際研究公司」的機構調查，食品店裡拿最低工資的人，便後不洗手。為甚麼？理由總是有的吧，我們可以推想，他們待遇低，心情壞，自暴自棄。大餐廳收費高，小費多，工作人員一定不會如此。

很不幸，這個想法又錯了！由法國來的消息說，一個法國人上餐館，聞出花生米有尿味。他知道問題出在哪裡，回家以後，用他的工程知識和天才設計了一套裝置，如果上廁所的人不洗手，廁所的門打不開，人走不出來。

有人推想，中國人的民族性不好，大家懶得洗手。其實不然，你看，這裡那裡，天下烏鴉，這不是種族問題，這是習慣問題，壞習慣哪個民族都有。法國那位發明家枉費心血，沒有幾家餐館採用他的裝置。從這些地方可以發現普遍的人性。

紐約時報說，美國每年有九千人因不潔食物而死，有八千萬人因不潔食物而病，數字令人吃驚。食品不潔，原因很多，無論如何一雙手難脫干係。難怪有人儘量不吃外面的東西，自己帶飯盒，食物簡單，但是衛生可靠。單身漢別偷懶，加入烹飪班學幾手，自求多福，還可以用它廣結善緣。

當然還是要寄望餐館、食品店、路邊攤知過能改，他們畢竟是社會上必需有的行業，爲自己的利益，他們也必需設法增加社會對他的依賴，而非使社會減少依賴。

從此，全校學生每天打開報紙，第一件事就是找「就事論理」的小專欄。倒也不是每篇都愛看，有時候，不大懂得他說甚麼，有時候，對他討論的問題沒有興趣。這天看「洗手」，人人發出會心的微笑，你問我洗手了沒，我問你洗手了沒有。愛找材料的人到廁所裡去觀察，發現誰不洗手，就當做新聞大聲傳播。有人說，他很想待在廁所裡三天不出來，統計不洗手的人有多少？不洗手的原因是甚麼？年級是不是一個因素？

獨有吳強，心裡想的是作文。果然「文無定法」，這篇「洗手」的寫法又和「媒體霉體」不同。怎麼一句推想連一句推想，全是由推想寫成？

放學後，他單獨和楊老師討論這個問題。楊老師說：

不錯，這篇短評有三個地方使用了「推想」，有兩個地方不用推想兩個字，也是推想的語氣。

不過這篇短評並非完全建立在推想上，而是建立在證據上。四個證據是：市議員的調查，國際研究公司的報告，法國人發明的特別裝置，還有紐約時報的新聞報導。我沒有把四個證據排列在文章開頭，也沒有排列在文章結尾，我把它們分散布置在文章裡。用甚麼連接？怎樣貫串一氣？用五個「推想」。這樣寫比較活潑。

「推想」是證據的延伸，從已知延伸到未知，它也是論說文的一種技巧。使用推想要小心，用推想得來的結論往往不可靠。成語不是有「瓜李之嫌」嗎，你在果樹下面整理頭上的帽子，人家在遠遠的地方推想，以爲你偷水果。你在瓜田裡彎腰穿鞋，人家在遠遠的地方推想，以爲你偷瓜。其實全錯了。

楊老師說：「你看，洗手不停的推想，也不停的推翻推想，暗示推想不可輕易使用。同時文章因此有起伏。有峰迴路轉柳明花暗的趣味。」

夜晚，楊先生埋頭寫他的專欄。

雷射作用

雷射筆是甚麼東西？一年以前還有人這樣問，現在，雷射筆很普遍了，太普遍了，出售兒童玩具的商店，都拿雷射筆做贈品，供孩子們玩耍。

小孩子玩雷射筆，安全嗎？有心人開始憂慮。雷射筆的形狀像筆，功能像燈，能像手電筒射出一道雷射光來。聽說用雷射光開刀嗎？那麼用雷射筆射人，雖然光的能量極小，也能把人的眼睛照痛了。所以各國民小學要禁止學童帶雷射筆進學校了。

還有別的顧慮沒有？有！雷射筆能射出光點，指向掛在牆上的圖表，使聽講的人注意某一部份內容。有一種利用雷射瞄準的槍，在暗中射出光點，直指目標，光點即是彈著點。於是，這樣的事情發生了：夜晚，街頭，有一個頑皮少年，用雷射筆射出光點，指向值勤的警員，你可以想像這等事十分危險，警員夜間在街頭執行勤務，精神比較緊張，如果那位警員以爲自己被人用槍瞄準了，如果他覺得生命正受到威脅，如果他以其職業訓練、固定反應，立即拔槍還擊，如何得了。

還好，那個頑皮少年僅僅被警方當做恐嚇罪嫌偵辦。那個被雷射筆瞄準的警員很鎮定，很老練，沒有過度反應，了不起，應該受到表揚，你說是不是？

怎樣表揚？至少，輿論可以稱讚他。「稱讚一切可以稱讚的行爲。」能在濁世中起一點澄清的作用。至少，孩子的父母可以寫信給警察局長，請他注意部下優秀的表現，全局的警員都可能得到無形的指引和有形的鼓舞。健全的社會，就是這樣「針尖挑土」建造的。

雷射筆的問題怎麼辦？雷射筆是成人的文具，不是兒童的玩具。今天兒童玩具是大企業，大生意，玩具的品種數不清，新品種新設計應接不暇，任你精挑細選，興利除弊，何必姑息雷射筆？兒童沒有見識，希望商家有，商家沒有見識，希望家長有，家長沒有見識，希望政府有。說到此處，無路可退，最後責任在政府。

文章寫到這裡，楊先生從頭看一遍，心中暗想，「我又換了個寫法。這次全篇用對話的口吻，好像兩個人一路商商量量往下說，不是自問自答，也不再一人獨白。讀這篇文章的人，會覺得彷彿面對作者，談天說地，讀者一定會喜歡這一份親切自然的情味。但願我的學生，明天都一讀這篇短文，但願他們，尤其是吳強，能發現這次不同的寫法。」

接著說

感恩節這天，楊老師發表了這樣一篇文章：

中國式感恩

感恩節前，美國生活雜誌列出了一百件應該感恩的事情。頭一件很別緻，感謝電視紅星傑李諾的脫口秀節目。其他有：感謝男女的平均壽命都增加了，男子七十三，女子七十八。感謝有了維他命E。感謝女人可以不穿高跟鞋、可以穿牛仔褲。

中國沒有感恩節，但是中國文化有感恩的傳統。我們也可以每年結算一下，列出十件應該感恩的事情。我們中國人會想：感謝現在有冰箱，有洗衣機，有微波爐，把婦女從廚房裡解放出來。感謝每一個蘋果都那麼大，孔融不必讓梨。我們每個人，到了年頭歲尾，都可以自己來一次無形的選舉，選出十個應該感激的人物，十項應該感激的社會活動，十條值得感激的法令條文，十句值得感激的話。

基督徒凡事謝恩，他感謝的對象是神。其實，既要謝天恩，也要謝人恩，謝人恩，所以更謝天恩。看畫展的時候，感謝畫家畫得那麼好，也感謝天地風景，聽音樂會的時候，感謝音樂家拉提琴拉得那麼好，也感謝作曲家的天才。美國作家艾侖奇南，搜集以老人爲題材的童話，用心理學觀點加以解釋，成爲專書。書的首頁排了一小段文字，他對「所有被人遺忘了的童話的講述者」深深致謝。他的意思是說，沒有一代一代的講述者，這許多寓意深長的故事早已失傳了。

有人告訴我削地瓜的故事。中國北方的農民都種地瓜，地瓜也就是蕃薯。冬季時間很長，家家儲備糧食過冬，地瓜收成了，放在地窖子裡，冬天再拿出來吃。地瓜可能發霉，這裡爛了一塊，那裡爛了半截，家庭主婦拿著小刀，把霉壞的部份切掉或是挖出來，即使只剩下四分之一、五分之一是好的，也不丟掉。有時候，一塊地瓜挖得奇形怪狀，像現代雕塑一樣。

他爲甚麼對我說這些話？他的意思是，人都有長處，也都有短處，與人相處，要像切地瓜一樣，不要因爲那人有短處，就連他的長處也否定了。如果看見地瓜上有霉斑，就把整塊地瓜丟掉，你冬天就沒有地瓜吃了；如果發現了朋友的短處，就和他斷絕來往，你就沒有朋友了。有人肯把這個道理告訴我，我非常感激他。

想想看，只要有感恩的心，就會發現應該感恩的事。中國也該有個感恩節，每年對國人提醒一次。

這天，楊先生走進課堂，教桌上已先擺好一籃鮮花，用劍蘭、玫瑰和滿天星插成孔雀開屏的樣子，徐徐散放香氣。

這是誰的東西？楊老師一面問，一面觀賞，滿堂學生都不回答他，答案已經寫在紅綾帶子上：「感恩節到了，楊老師，謝謝你！」

楊先生心裡是歡喜的，可是他又有幾分不安，忍不住說：「唉，唉，你們爲甚麼要花這麼多的錢呢？唉，這個月的零用錢花光了吧？其實，只要有一朵花，……或者一朵花也不要，你們對我喊一聲謝謝，也就行了！」

楊先生當然很高興，可是學生看不出，覺得楊老師的反應和他們的期待不符。他們希望老師有甚麼樣的反應呢，誰也說不出來。金善葆最不開心了，獻花是她的主意，花籃也是她到花店訂製的。怎麼啦？楊老師好像不喜歡。

學生的心情，楊老師知道了，他特地又寫一篇：

開頭的一部份，他是這樣寫的：

溫馨感恩節

感恩節悄悄的過去了，雖說是外國人的節日，到底也合乎中國文化。

這一天，有許多溫馨的畫面悄悄的產生。許多人，因爲他曾經付出過，今天收到了鮮花，接到了卡片，聽到了長途電話，握到溫暖的手。無心插柳柳成蔭，這些人的經驗何其甜美！他們是有福的。

這一天，也有人收到很重的禮物，超過他應當得到的。中國的古訓：「受人杯水，報之以湧泉。」嚴格的說，任何回報都嫌太多，回饋本身同時即是施予，當你得到了回報時，你已對社會欠下債務。所以說「施人愼勿念」。

這一段文字等於是楊先生的答詞，金善葆心中的疑雲一掃而空。

第三天，楊先生意猶未盡，談的還是這個題目：

今天，多少人喪失了歷史感。我們想想看，今天的人，從以前的人那裡，繼承了多少東西？供應有多麼豐富？他可曾想過要感激誰？一切都是他應該得到的，他得到的太少，還不夠。人人說現代人比從前的人富裕，但是沒有從前的人快樂，爲甚麼呢？一本又一本新近出版的書，都說因爲現代人不知道感恩，社會喪失了和諧，心靈喪失了寧靜。

現代人幾乎都是現代文明慣壞了的孩子，只記得電話公司的帳單討厭，忘記了發明電話的人。只記得債主可恨，忘了替他擔保的人。人，過河拆橋，過河忘橋。

中國人一項強調中國文化，中國文化裡有感恩的哲學，他不一定信教，可是他知道謝天、謝人。現代中國人口口聲聲保存中國文化，保存的不過是敲鑼打鼓，舞龍舞獅。我們教給下一代的是吃粽子，吃餃子。如果沒有月餅，中秋節也許早就失傳了。中國人說「朝朝寒食，夜夜元宵」，寒食節淘汰了，沒甚麼可吃的，元宵節還在，吃湯糰。有人說他不過感恩節，因爲火雞肉不好吃。

往大處看，現在環保問題嚴重，資源消耗，土地、空氣、海洋污染，有一天，人類不能在地球上居住。怎麼會弄到這一步？說簡單也簡單，人不知感激以前的人，不知道感激眼前的人，不知道感激大自然，不知道感激上天，都在那兒「受人杯水，報之以一泡尿」。現代人拿海洋當垃圾筒，拿長江黃河當下水道，無法無天，糟蹋地球，都是因爲他不知道感恩。

我們一起來搜集現代人感恩的故事，一起來述說感恩的故事。我們尋現代人感恩的故事來宣揚，如果找不到，我們就自己做故事的主角，我們自己做感恩的事情，留下故事讓人家講。

看樣子，我們中國也需要一個感恩節。這一天我希望能在電視中看到一連串的人物訪問，題目是「你最感激誰」。我希望在報紙副刊中看到許多作家的回憶，內容都是「受施慎勿忘」。我也希望在新聞版看到一些溫馨的畫面，彰顯中國人報恩的美德。

接二連三談感恩，第四天，楊先生靈機一動，來一篇「接著說」，這一回，他等於是給同學們發講義了。

接著說

學生作文，常常苦於沒有話說，湊不夠字數。其實，話永遠說不完，一篇文章，最後註明「全文完」，一本書，最後註明「全書完」，其實都沒有完。一部影片，最後打出兩個大字：劇終，其實也沒有完，都還可以接著往下面說。

就拿昨天報上的幾條新聞來說吧：山東臨沂，一輛裝滿「響炮」的卡車爆炸，八人死亡，三人受傷，二十多間店面倒坍。安徽桐城，一家「花炮」廠爆炸，十四人死亡，三人受傷，八棟房屋倒坍。廣東，一家「煙花」廠爆炸，一百零九人受傷，十多人失蹤。江西南康，「鞭炮」作坊爆炸，十三人死亡，九人受傷。香港，花炮工廠爆炸，廠房倉庫夷爲平地。新聞報導到此爲止，可是還有許多、許多話可以接著往下説。

中國人過農曆年，家庭祭祖要放爆仗，商店開市要放爆仗，「火樹銀花」是最有代表性的新年夜景。爆仗也是重要的兒童玩具，本來是「閨女要花兒要炮」後來閨女也要炮不要花。

花炮用黑色炸藥製造，黑色炸藥是中國的四大發明之一，中國人引以爲榮。但是古代的光榮可能是現代的羞恥，有了汽車火車，獨輪車算甚麼呢？有了御膳房的廚藝，營火烤肉算甚麼呢，有了傳眞機，飛馬傳書又算甚麼呢。在歷史上，爆仗曾經是我們的驕傲，可是現代它成了危險品！社會如果不求進步，今天的優勝明天可能變成缺憾。……這個話題可以無限説下去。

古人製作花炮爆仗，只顧娛樂效果，沒有考慮到安全。比方説，設計專用的箱匣，爆仗放在裡頭不會爆炸，即使爆炸也不致傷人。比方説，大型花炮有安全引信，要經過一定的程序來點燃，不會偶然失手燃爆。發明了刀、同時要發明刀鞘，發明汽車推進器、同時要發明煞車，發明保險箱、同時要發明鑰匙。……這個話題也可以一直延續下去。

不錯，鞭炮未必一定造成災害，只要大家多小心。滿載鞭炮的卡車爲甚麼在馬路上爆炸？因爲天氣熱，路上有坑洞，汽車顚簸，鞭炮摩擦，所以就炸了。大家小心一點，不要如此如此，哪裡會出事？花炮工廠爲甚麼爆炸？因爲有人煙癮大發，跑到院子裡偷吸幾口，誰知一陣大風吹落煙蒂口，把火星從門外吹到門裡。如果大家小心，沒有人如此如此，不就安全了嗎？

話是沒錯，無奈人的動作並不精確。婦女常常縫衣服，未必一下子把線穿進針孔，士兵每星期擦槍，有時還會走火，外科醫生天天開刀，有時還割錯地方，作家寫了一輩子文章，筆下還偶然有錯別字。受過長期訓練的人尚且如此，何況笨手笨腳的臨時工，不求甚解的門外漢？人是容易犯錯的動物，「吃燒餅哪能不掉芝麻」？……這個話題又可以說個沒完。

文章容易做，只要接著說。

別

教務處送來一張條子：

「本學期即將結束，依學校行事曆，各畢業班課程統祈在本周內授完，非畢業班課程統祈在下周內授完，敬請察照爲荷！」

楊先生的反應是吃了一驚，好像一個花錢沒有計算的人，突然被銀行通知存款不足一樣，原來這一學期又過完了。而且他的「學期」比別人提前結束，因爲他教畢業班。對他而言，並不是又過完了一個學期而已，他跟他最熟悉的這一班學生，已經沒有「下學期」了。

隨著「畢業」而來的是輕鬆加上忙亂，各人有各人的感觸，各人有各人的打算。楊先生呢？他在例行的諸般工作以外，打算利用最後一個小時，對學生發表一篇講話。他如期這樣做了，那次講話的內容，很值得記在這裡。

一

各位同學：

今天我們上最後一課。我們的最後一課是很興奮很快樂，不像都德的「最後一課」那樣沉重。你們要畢業了，要升學了，這是教人很高興的事情，親戚朋友見了面都會對你們說，恭喜恭喜！

你們畢業以後，都要離開這一座學校，這座學校成了你們的歷史，成了你們的回憶。你們以後舊地重臨，不再是這裡的學生而是這裡的客人。那時候你們會自問：這座學校給過我甚麼益處？我在這裡得到了一些甚麼？

這也正是我要自問的。我在自問：我給了你們一些甚麼？我會使你們得到些甚麼？

畢業使你們放下過去，面對將來，將來是個未知數，你們可能覺得惶惑。我在年輕的時候心裡常常有這種惶惑。最近，我常常聽見有人唱一支歌，歌詞的意思大概是，一個小女孩問她的媽媽：「我將來會是個甚麼樣的人？我會漂亮嗎？我會幸福嗎？」媽媽的回答是：「將來的事誰也不知道，命運要如何便如何。」你們現在是這支歌裡面的女孩，而我，也許可以自以爲是歌裡的那個媽媽。你們在問：「我將來能考上甚麼樣的學校？能找到甚麼樣的職業？能有甚麼樣的成就？」我要說：「你要奮鬥，你要努力。」

命運，我不能斷定它不存在，我敢說，它並不慈善，我們不能聽它擺布，我們要向它抗爭。你必須有力量，夠條件，才能跟它爭長爭短。我總擔心你們條件不夠，力量太小。我總覺得我們這些教師，平時對你們幫助不多，現在，眼睜睜看你們畢業，看你們走出去，覺得你們像一個女孩子，嫁妝還沒有準備好，就要出嫁了，像一個戰士，還沒有裝備齊全，就要出征了。

所以我必須想一想，我教過你們甚麼。

我教你們認識了幾個生字，記住了幾個典故，懂得了幾分人情世故，還有一點點作文的方法。

這些能夠幫助你們嗎？但願如此！

二

說到寫文章的方法，我有很可笑的經驗。當我年紀很小的時候曾經向一位作家請教，希望他肯告訴我一點寫作的方法。那位作家跳起來反問：「誰說寫作有方法？你以爲寫作是木匠做桌子嗎？」

那時候，我嚇壞了，很久很久，不敢再想「寫作方法」，彷彿那是個可恥的念頭。可是，後來，我實在忍不住，又拿這個問題去問我所碰到另一位作家。他默然不語，抽了幾口煙，才慢慢的說：「文章本天成，心裡想寫，手裡拿筆就寫，最後在紙上寫成了，一切自然而然。至於方法，我從來沒有想過。」

文章，無論如何是人用大腦指揮手做出來的，在製作過程中，不會沒有有意的安排。奇怪，我遇見的人，都否認這種安排。

就算「文章天成」罷，「天」也不是沒有「方法」。天下雨是有方法的，科學家發現了這方法，已經可以造雨。

我相信，作家對他所使用的方法，不可能保守秘密。他必須寫文章，他必須發表他的文章。文章發表出來，他的寫作技巧，就暴露在我們眼前。有一段時間，我花心思研究許多作家的文章，找出他們的方法來。我把他們使用的方法，選出一部份來，告訴了你們。也許你們大家，或在你們中間的一部份，像我當年一樣，到處尋找作文的方法。那麼，我算是爲這些人做了一件事情。

這些方法，看上去是很枯燥的。把一篇優美生動的文章，分解成機械的零碎的規則，似乎是一樁罪過。沒有關係，我們儘可能的在防止這流弊。我們的辦法是：對文章的分析，不要太瑣細，分解的工作適可而止，這個「可」就是使這個工作不要喪失啓發性。文章是被解剖開了，讓我們看到它的構造，等我們一部份一部份看清楚了，各部份立即在我們腦子裡合併、還原，文章沒有被殺死，它的優美生動反而更鮮明的被發覺了。變魔術的常說：「會看的，看門道，不會看的，看熱鬧。」我們的目的在看門道，可是也不忘記熱鬧，分析技巧，適可而止，對欣賞也有若干幫助。

如果我們的目的不僅在欣賞，更在寫作，那麼，就把分析得來的方法，反覆加以練習。這像打毛線一樣，你得不停的打；又像游泳一樣，得常常去游。起初，樂趣似乎很少，學習的人用熱忱和毅力來克服一切，度過這個階段，以後的路就平坦了。

三

同學們，我不能不告訴你們，儘管我介紹了很多方法，然而凡是我所介紹的方法，都不是最好的方法。我所介紹的方法，都是人家用過一千次一萬次的，都是沿用了幾十年幾百年的，這樣的方法不十分可貴。最可貴的方法是你自己的方法，你自己慢慢磨鍊，慢慢領悟，讓它從你心裡慢慢生長。

你的方法，不應該跟人家完全相同，可是，也不可能完全跟人家不同。你的方法和別人的方法大體相似，只有一點點不同，有了這不同的一點點，你寫出來的文章就有自己的特色。這「一點點」不同之處，正是最重要的地方，它是在共同基礎上的個人成就。沒有個人的成就，到底不能算眞正會寫文章。

怎樣使一位作者得到那卓成一家的特殊訣竅？誰也說不出來。很多人嘗試說明，但總是說不清楚，他們說出來的不是方法，只是一種感受。那種說明，只宜供心有同感的人互相印證。我們不能不認爲，這一部份是日常通用的語言所不能說明的，單就這一特殊的部份而言，寫作可以說「沒有方法」。

同學們，我們要說明好文章何以能成爲好文章，還有更大的困難。作品跟人品有密切的關係。好作品的作者，有個好的人品，要想清楚明白的說明二者的關係，習慣上只能籠統的說，作者的人品無可避免的要流露在作品裡，人品倘若卑下，作品的「格」也高不了，俗語說：「狗嘴裡吐不出象牙來」，恰是一個可用的比喻。不過，僅僅一個比喻不能滿足我們，我們追求的是方法，甚麼樣的人品算是「好」的？能定出一張公約或一套守則來嗎？其次，「好」的品格究竟怎樣使作品好起來？能列出方程式來嗎？這樣的問題，被人家認爲毫無意義，因爲事實上辦不到，即使能辦到，也不能像在化學工廠裡面一樣，按部就班作業就可以得到預期的結果。我們模糊的相信作者的品格對作品起著一種秘密的作用，找不出甚麼有效的實踐方法。

總括起來看，寫作有方法，但不能完全依靠方法。方法不是萬能；也不是一點用處沒有。最可貴的方法是自己獨創的，最可靠的方法是別人用過被大家認爲有效的。方法屬於知而後行的一面，但是寫作還有不知而行的一面。這樣，你們大概可以知道，我究竟對你們有甚麼樣的貢獻了。

下午，吳強到宿舍裡來探望楊老師。楊老師正靠在籐椅上，覺得非常疲憊，連喝了兩杯濃茶，也提不起精神來。他沒有對吳強說多少話，吳強又不善言談，兩個人一直默默的對坐著。

楊先生的心思可一直放在吳強身上，他跟同學們有「論說文作法」一段因緣，全是被吳強偶然引起。如果不是吳強跟同學打架，他也許不那麼強調「講理」。如果當初心裡沒有那一絲憐惜吳強的念頭，他也許不那麼注意寫論說文的教學。

教學期間，楊先生一直很愉快，全神貫注。等到教學結束，他立刻感到突然而來的疲勞，那是由不相信耕耘能開花結實而生的疲勞。每一次，工作告一段落時，他都有這樣的感覺。

教書，外人以爲是個帶著權威性的工作，天天像北斗星一樣被學生圍繞著。可是，一旦學生畢業散去，就沒有幾個人還記得你，十年以後，如果還有一個學生記得你，也就不錯了。

「這個人，也許就是吳強。」楊先生稍稍恢復了精力。

後記　長話短說——貫串三十六年的故事

《講理》是一九六四年（民國五十三年）出版的，出版者台北自由青年雜誌社，出版日期載在初版的版權頁上。後來版權轉手，不知何故，版權頁出現「初版（一九七四）民國六十三年四月」字樣，退後十年。隔海猜謎，大約出版者怕顧客嫌書齡太老，著意營造新貌。我想，重新排版的年月固然要記明，原始出版的年月也無須刪除，換個角度想，今天市場對書的淘洗十分嚴厲，一九六四年寫的青少年國文課外讀物，三十六年後還能找到幾種？《講理》銷路穩定，歷久不衰，正足以顯現這本書的優點，何須隱瞞它的年齡？所以，大地出版社推出增訂本，我建議把眞實的初版日期放回去，和增訂版的日期並列。

《講理》誕生在升學競爭十分酷烈的年代。長話短說，舉一可以反三，當年（還沒有電視的時候）大專聯考放榜之日，家家守候在收音機前，屏息聽放榜名單。有人聽到自己的名字，昏倒了；有人聽不到兒女的名字，也昏倒了。軍醫院照例派救護車到眷村巡邏，隨時準備急救送醫。

那時，我既非家長，也不是考生，卻深深感受到那種壓力之沉重，爲之忐忑不安。

當年一考定終身，考試重視國文，而作文一項的分數，佔國文成績的百分之五十，抒情文比較容易做，而考試委員特別愛出論說題！考場如戰場，考生如戰士，我寫《講理》一書演示論說文的作法，為出征者增添裝備。講理十八篇在自由青年半月刊上一篇一篇登出來，我有向前方將士送棉衣的心情。

提起自由青年半月刊，也得長話短說。它是國民黨中央黨部出錢創辦的雜誌，那時去訓政未遠，「自由青年」本該有黨的文宣氣味，主辦雜誌的人本該有幾分黨工身段，可是完全沒有！當時的副社長兼總編輯呂天行堅持編輯自主，他順應青年品味和社會需要，不甚體會黨意，拒絕刊用上峰交辦的官樣文章。由於他全心全身投入工作，有奉獻的精神，能帶動編輯經理兩部同仁矢勤矢勇，社會對他編出來的雜誌也甚有好評，「老闆」張寶樹曲予優容，用其所長。

「自由青年」雖是黨辦的刊物，稿費也很低，但是呂天行能拉到學術文化界名人的稿子。那時台北公認有兩個人，拉稿的能力高不可及，一位是辦文星雜誌的蕭孟能，另一位就是辦自由青年的呂天行。我的文章用不著他費多大力氣來「拉」，起心動念寫講理，就決意先交自由青年發表，自由青年上上下下也都表示歡迎。

對論說文作法我有一套獨家的設計，表達形式決定取法夏丏尊的《文心》。我少時愛讀《文心》，追慕夏老，曾在自傳《昨天的雲》中記述梗概。閉門造車究非上策，很想找個地方實驗一下。那時「親密文友」蔡文甫在汐止中學做教務主任，他贊成我的構想，安排我去專教國文。那時每星期有兩節作文課，每兩個星期作文一次，也就是，上星期的作文簿、下個星期發還，當場講評得失，表揚佳作，講授範例。我就利用發還作文簿之後的時間實驗「講理」。

我把那一套設計先化整爲零，再從教學相長中匯零爲整。我得承認，我的教法不合當時的常規，我自編的教材、自印的試卷、自訂的成績標準、都沒有經過認可。在作文課之外，拿著部定教科書授課的時候，我也常常依《講理》的思路處理課文。嚴格的說，我逾越了初中國文教員的本分。當時汐止中學的校長蔡長本信任我，級任導師陳幼鵬的支持也很重要，他對本班學生畢業後的升學率負最大的責任。那年代，人在考場唯一的自保之道是墨守成規，如果他對我的教法提出抗議，我也許要半途而廢。所幸他們都沒有意見，後來也都看到收穫，學生的作文進步很快。

實驗做完，文章寫完，隨後書也印出來。自由青年雜誌社先印第一版，當時美術界走紅的高山嵐設計封面，圖案非常現代。那時節約紙張，不能有今天的編輯風格，字小行密，但校對認眞，大家都說，這樣一本書不能有錯字，包括作者用錯的字。自由青年社在正常的編校程序之外、特別情商中學名師李瑋（小說家端木方）和彭友生費心校閱，敢說那是一個善本。

後來版權轉到「大地」，我也海水天涯，久疏音訊。我在外面又寫了《作文七巧》和《作文十九問》，兩本書談論抒情文、描寫文和記敘文的作法，並延伸到議論、抒情、描寫、記敘之綜合使用，範圍擴大，面面俱到，算是提供了完整的答案。多少年來整體檢討，思來想去，還是對當初那本《講理》最滿意。

當初寫《講理》，我一心以爲論說文也來自學生的生活，也是「感於物而動」。若有意，若無意，我在演示論說文作法的同時，還做到了：

第一，爲當時台灣社會的面貌，留下多幅小小的風情畫，許多畫面充滿喜感，今天可以供我自己回憶，也可以供研究台灣社會發展史的人參考。一九六四，關懷本土的呼聲還小，這本書已經有了感應。

第二，當時，台灣社會開始生產反理性的言行。我還天眞，以爲培養理性可以改變社會風氣、糾正人心偏見，使台灣和諧平安。我趁講理之便，埋伏許多小感動、小啓發，對青少年朋友奉送理性教育，希望產生某種免疫作用。

也許正因爲這一點小意思，一批小零碎，使這本專講論說文作法的書「少少中見多多」，還可以幫助洞明世事、練達人情，還可以在人格成長方面起些正面的作用，還可以增加日常談笑的許多資料，直到今天，還可能使人溫故知新。所以《講理》能夠在三十六年後依然健在。

長話短說，只舉一例。講理談到地域偏見，書中人物楊老師有一段話：

抗戰時期我到四川，四川人說我是「下江人」，意思是長江下游來的人，他們看不起這種人。我告訴他們，我從黃河下游來，不從長江下游來，可是沒有用，你還是下江人。抗戰勝利了，我到了南京，南京人管我叫「重慶客」，重慶客三個字表示他們用另一種眼光看你。我對他們說，我在重慶的時候是下江人，為下江人三個字受了不少委屈，現在我到了長江下游，你們待我親切一點吧，可是沒有用，你還是重慶客。我先是下江人，後是重慶客，來到台灣又變成「內地人」。……

這番話本是我長篇小說的大綱，小說寫不成，寫進《講理》，輾轉成為千萬人茶餘酒後的談助，「而今已覺不新鮮」。《講理》出版二十年後，我在紐約，某天一步踏進唐人街容閎小學的大禮堂，裡面正在座談，上台發言的人正在說他的遭遇，他說的話和楊老師說的話一字不差，當然，沒有註明來源。

當初這段話的末尾還有一句：「說不定，將來光復大陸後，回到故鄉，我又變成台灣人。」發表時刪去，現在有機會增訂，再把它寫上。

三十六年後重讀舊作，胸中感慨也只能長話短說。世事萬變，我們能執著的只是論說文作法之類。畢竟不錯，「人們最容易接受的知識是方法的知識」。三十六年來，千萬人由學校的大門湧進湧出，奔馳於升學主義的烈日之下，他們中間若干人，《講理》曾經是他們飲過的泉水、越過的路標、棲息過的樹蔭。不是浪淘他們，他們是浪，淘洗台灣社會。橫看側看，願他們有福。

三十六年因緣聚散，多少交遊已斷。「治人者」自有前程退路，無須我輩牽罣。「治於人者」老兵不死，只是隱沒，沒於人海，沒於歲月，隱藏於朋儕的祈禱之中。

講理的主要人物，國文教師楊書質先生，職業出於假托，姓名卻實有其人。少年十五二十時，眞有一位楊書質先生做我的「老師」，他原籍河北滄州，對我們那一群迷途羔羊，他是一位好牧人，可惜沒能到台灣來。在《講理》一書中，我特地使用他的名字，表達我的思念。一九八〇年以後，中國大陸逐步開放，我通信尋人，用順藤摸瓜之法，費時五年，在滄州鄉間找到了他。

《講理》的催生人呂天行，後來轉到政大教雜誌編輯學，言必稱理想，始終無悔。主編梅遜，晚年視力耗弱，近乎失明，仍奮勇寫出長篇小說「串場河畔」，短篇小說集「魯男子」。編輯熊嶺，後來經營巨流圖書公司，賺了錢，回饋鄉邦，捐款興學；可謂長才得展。會計祈小姐人緣第一，作者讀者，都是朋友。她在自由青年工作最久，是老作者老讀者的最後管道。

另一方面，蔡校長以校爲家，以學生爲子弟，拙於官場肆應，難免挫折，退休後好靜，遷居三芝，以無病爲福。陳幼鵬病酒傷身，但教學成功，千人稱道感念。端木方、彭友生後來興趣轉移，極少寫作，才能另有發揮，晚年先後移民美國，稱心如意。蔡文甫經營出版，趕上台灣文學市場的黃金期，財運亨通，大器晚成，開人生經驗的新紀元，是此中異數。歲月不饒人，眼中之人吾老矣！人生長途漫漫，「行者常至」，所幸爲者亦長成。

汐止中學教書的回味甘美，那是我第一次，也可以說是唯一的一次、如此貼近少年人，領受少年人的可愛。今日重讀《講理》，他們的音容笑貌，呼之欲出。他們曾經信賴我，聽從我，社會往往是學校的反面，預料他們未來的路可能坎坷，那時，論說文作法濟得甚事？我只有經常猜想，偶然打聽。我常說，「每一層地獄裡都有一位天使，問題是你如何遇見他。」我曾經遇見天使，但願他們同樣幸運。當初協助整理文稿的棣華，後來嫁我爲妻，三十多年同甘共苦，心魂相守，可與人言無二三。

現在，我把用心增補修改後的《講理》付託吳錫清兄。我曾說，給你的書找出版社，等於給你的子女找監護人，托孤寄命，豈是尋常授受？天增歲月，換盡舊人，後浪前浪，濤聲相似。好學的人永遠會自求多福！

公元二〇〇〇年六月，王鼎鈞寫於亂風樓

講理 / 王鼎鈞著. -- 二版. -- 臺北市：大地,
2000〔民89〕
面：　公分. --（大地文學：1）
ISBN 957-8290-22-5（平裝）
1.中國語言 - 作文 - 教學法 2.中等教育 -
教學法 3.寫作法
524.313　　89009957

講理

大地文學 001

作　　者	王鼎鈞
創 辦 人	姚宜瑛
發 行 人	吳錫清
主　　編	陳玟玟
封面設計	曾堯生
出 版 者	大地出版社有限公司
社　　址	114台北市內湖區瑞光路358巷38弄36號4樓之2
劃撥帳號	50031946（戶名　大地出版社有限公司）
電　　話	02-26277749
傳　　眞	02-26270895
E - mail	vastplai@ms45.hinet.net
網　　址	www.vasplain.com.tw
印 刷 者	普林特斯資訊有限公司
初　　版	1964年4月
二版六刷	2018年3月

大地

定　　價：280元